LA

PAROLE

ÉTERNELLE

Revue annuelle d'éducation chrétienne
pour les écoles du dimanche
VOLUME 6
ADULTES

f&s

Éditions Foi et Sainteté

Publié originellement par
Publications Nazaréennes d'Afrique
P.O. Box 44
Florida Park, 1710
République d'Afrique du Sud

ISBN 978-1-56344-127-1

Idées pour enseigner aux adultes

Il y a deux qualités indispensables pour être un bon enseignant des adultes à l'école du dimanche: vous devez aimer Dieu et les gens, aussi. Votre rôle principal est d'aider les étudiants à vivre l'expérience de l'amour de Dieu. Vous pouvez le faire en manifestant votre relation personnelle avec Jésus devant eux et en leur montrant comment développer une relation personnelle avec Dieu.

D'abord, suivez les instructions présentées dans la rubrique : *Comment préparer une leçon de l'école du dimanche*. Ensuite, suivez celles de la rubrique : *Comment présenter une leçon de l'école du dimanche*.

COMMENT PRÉPARER UNE LEÇON POUR L'ÉCOLE DU DIMANCHE

Le début de l'année

Au début de cette année d'enseignement, prenez le temps de mettre de côté tout le matériel dont vous aurez besoin pour l'école du dimanche. Placez le tout dans une boîte ou une pochette. Cela vous fera économiser du temps chaque semaine car vous n'aurez pas à chercher partout votre matériel puisque vous saurez où le trouver.

Gardez dans un carnet les adresses, les dates d'anniversaires, etc. de tous les élèves de vos élèves.

Lisez brièvement tout le contenu du livret des leçons car cela vous donnera une idée sur les différents thèmes mensuels, une vue globale, et une direction aussi. Vous saurez le nombre de leçons qui figure sur chaque thème et éviterez ainsi d'aller trop vite quand vous enseignez. Vous saurez comment adapter les leçons en fonction des besoins, de la mission, et des objectifs du ministère de l'école du dimanche dans votre église (veuillez exposer vos idées au pasteur et au Conseil de l'église).

Les deux heures de préparation hebdomadaire

30 minutes   **Lisez la leçon afin de vous familiariser avec son contenu.**

Le dimanche après-midi, de la semaine précédant cette leçon, prenez le temps de l'étudier. Priez et demandez à Dieu de vous donner la sagesse et de vous guider afin que vous puissiez présenter la leçon sous le meilleur angle possible.

10 minutes   **Vous aurez toute la semaine pour rassembler vos notes.**

Pour les besoins de l'école du dimanche, gardez tout le temps avec vous un cahier ou un carnet dans lequel vous noterez vos idées.

20 minutes   **Lisez le passage biblique 3 ou 4 fois pendant la semaine.**

Laissez la Parole de Dieu vous transformer pendant la méditation et la lecture de ce passage. La lecture permettra à la vérité que vous voulez enseigner de toucher d'abord *votre* vie.

50 minutes   **Organisez votre leçon.**

Préparez tout le matériel nécessaire. Relisez vos notes et organisez votre leçon de manière à suivre et enseigner la leçon à votre convenance.

10 minutes   **La dernière vérification.**

C'est la dernière chose à faire le dimanche matin avant de commencer la leçon. Vous devez avoir votre Bible et tout le matériel au complet. Revoyez le plan et vos notes une dernière fois. Enfin, prenez une minute ou deux pour remettre cette leçon au Seigneur et lui demander de vous utiliser. Vous avez sûrement déjà fait cela plusieurs fois pendant vos moments de dévotion, mais il serait bon de vous soumettre à la volonté de Dieu encore une fois.

COMMENT PRÉSENTER UNE LEÇON Á L'ÉCOLE DU DIMANCHE

L'enseignement doit se faire à tous les niveaux : émotionnel, spirituel, social, et mental. Il est vital qu'il y ait une interaction entre l'éducation chrétienne et la vérité de l'évangile pour que la vie des étudiants en soit transformée. Comprendre un concept (idée) de façon théorique n'est pas suffisant,, la vérité doit affecter tous les aspects de la vie d'une personne, depuis ses opinions sur certains sujets jusqu'à la manière dont elle se comporte en société.

La durée de la leçon doit être soigneusement fixée et planifiée afin que vous puissiez vous exercer à la préparation des leçons ainsi qu'à la réflexion. Nous aimerions suggérer le modèle de base suivant pour le déroulement de vos cours de l'école du dimanche. La durée autorisée pour ce modèle de base est d'une heure (1 h). Les nombres entre parenthèses sont pour les cours de 45 minutes.

1) Tâchez d'arriver au moins dix minutes à l'avance pour arranger votre classe et mettre le matériel en place.

2) Réservez les **10 premières minutes** pour accueillir vos élèves. Accordez-leur un petit moment de retrouvailles et de discussion probablement à propos des évènements de la semaine précédente. Ensuite, demandez à la classe de donner des sujets de prière. Commencez la leçon par la prière tout en laissant aux étudiants la possibilité de prier pour les différentes requêtes. Après avoir fait l'appel et collecté les offrandes, contrôlez les devoirs et révisez la leçon de la semaine précédente. Éventuellement, vous pouvez répondre aux questions qui avaient été posées sur la leçon, la semaine précédente.

3) Les **15 (10) minutes** qui suivent doivent couvrir la section EXAMINEZ VOTRE VIE. . Réservez un temps pour les suggestions et réflexions ; ne vous attendez pas à recevoir immédiatement des réponses à toutes les questions et des participations dans chaque activité. N'hésitez pas à apporter des ajustements si vous l'estimez nécessaire afin que la leçon soit plus pertinente pour la vie de vos étudiants.

4) Les **15 (10) minutes** suivantes doivent couvrir la section EXPLOREZ LA PAROLE. Souvenez-vous que vous ne devez ni PRECHER ni LIRE mais seulement enseigner la leçon avec vos propres mots.

5) Les **15 (10) minutes** suivantes doivent être consacrées à la section EXERCEZ VOTRE FOI. Aidez les adultes à comprendre comment appliquer les vérités apprises dans la leçon, dans leur vie de tous les jours.

6) Les **5 dernières minutes** seront consacrées à la prière et au rangement de la classe avant le culte.

Évaluez le succès de votre leçon aussitôt que vous pourrez. Prenez le temps de noter ce qui a marché et ce qui n'a pas marché pour améliorer les prochaines leçons. Souvenez-vous que l'enseignement de l'école du dimanche a pour but de construire une relation solide entre Dieu et les autres frères chrétiens.

LE FACTEUR ASSOCIATION

Les amis sont la raison principale pour laquelle les gens choisissent une église. 75% à 90% des gens qui deviennent membres de l'église ont des amis qui font déjà partie de l'assemblée. Bien qu'un bon enseignement soit important pour les groupes d'études biblique (classes de l'école du dimanche), les bonnes relations sont encore plus importantes ! Un groupe d'étude biblique n'est pas fait pour être un moyen de divertissement. Les rencontres sont un aspect du ministère parce qu'elles aident les gens à avoir un sentiment d'appartenance.

Pour être un dirigeant efficace dans un groupe d'étude biblique pour adultes, il faut utiliser les qualités de chef de chaque étudiant de votre classe :

- Associez-les : Vous ne pouvez pas tout faire vous-mêmes !
  L'engagement des membres de votre groupe peut approfondir
  leur dévouement et développer leurs qualités de dirigeant;
- Affermissez-les : Démontrez votre appréciation pour vos officiers
  et vos meneurs, et montrez-leur des réactions positives;
- Encouragez-les : Ne leur donnez pas simplement un titre,
  permettez-leur de faire le travail;
- Reconnaissez leurs talents : Ne laissez pas le travail fait en
  coulisses, passer inaperçu. Dites souvent merci.

LES FONDATIONS DE LA FORMATION SPIRITUELLE

Les trois étapes de la transformation spirituelle:

- Croire: La foi en Christ ne peut être séparée de la Parole. La
  proclamation de la Bonne Nouvelle exige une réponse (Voir Romains
  10.7).
- Appartenir: Nous avons besoin les uns des autres ! Nous avons
  besoin de l'exemple et du support de la communauté. Il est
  important de savoir que nous sommes bien intégrés.
- Devenir: Dieu n'a pas encore fini avec nous. Nous sommes tous dans
  le processus. Quand nous servons Dieu et demeurons dans la foi,
  c'est comme si nous étions à un endroit où il peut œuvrer en nous.

Le but de votre groupe d'étude biblique est la transformation de la vie. En tant que dirigeant, vous aurez la joie de voir votre investissement dans les autres produire des changements remarquables dans leur vie ... parfois. Mais, vous expérimenterez aussi la peine de servir ceux qui paraissent ne pas vouloir changer. Comment devriez-vous réagir envers ceux qui semblent **ne pas donner de réponse** ? Continuez à être un professeur loyal et un ami sincère. Continuez à chercher des moyens de vous rapprocher d'eux. Continuez à faire confiance à Dieu pour réaliser ses bonnes œuvres dans la vie de ceux que vous servez !

Le but de la session de l'étude biblique est une réponse obéissante à la vérité de la parole de Dieu. Notre but peut être atteint en partageant simplement des informations. Il n'est guère suffisant de discuter, ou d'examiner, ou même de reconnaître la vérité. Nous avons le privilège de traiter des réalités hautement importantes qui exigent des réponses. Ce qui commence comme un exercice de raison doit finir comme un exercice de foi. Notre but est que la vérité de la parole soit intériorisée comme croyance et extériorisée comme action.

LA PAROLE DE VIE

Mémoriser la parole de Dieu est une des meilleures défenses que nous ayons contre la tentation. Le psalmiste avait compris cela bien des siècles avant quand il disait : « J'ai caché ta parole dans mon cœur, afin de ne pas pécher contre toi » (Psaume 119.11). Ceci est vrai pour le peuple de Dieu à travers les âges. Encouragez régulièrement les participants du groupe d'études biblique à mémoriser le passage de la *Parole en pratique*.

ALLER AU-DELA DE SES MOYENS

Le service rendu aux autres n'est pas un supplément à brandir comme ce que nous faisons occasionnellement ; c'est une expression de notre identité. Paul nous dit : « servez-vous les uns les autres avec amour » (Galates 5.13). Votre groupe est une parfaite arène pour la participation dans le service chrétien. En fait, les groupes qui prospèrent offriront toujours des occasions pour un engagement significatif dans le ministère. Ces domaines d'activité sont souvent une source clé de vitalité dans le groupe.

Qu'est-ce qu'une prophétie ?

LECTURE BIBLIQUE : AMOS 1.1-2 ; 7.1-17
PAROLE DE VIE : DEUTÉRONOME 18.18

Examinez votre vie

Demandez aux adultes de partager certaines de leurs idées relatives à la « prophétie » : Qu'est-ce qu'une prophétie ? Comment devrait-elle être vécue dans l'église ? etc. À partir de l'Ancien Testament et pendant cinq minutes, invitez-les à citer le plus grand nombre de prophéties. Ensuite, veuillez expliquer que Dieu s'est toujours servi de prophètes pour s'adresser à son peuple. Souvent, ils mettaient en garde contre les conséquences du péché des hommes. Les messages des prophètes de l'Ancien Testament sont toujours d'actualité, d'autant plus que nous pouvons tirer profit des leçons de l'expérience des enfants d'Israël.

Explorez la Parole

L'Éternel a toujours interdit à son peuple de recourir à la divination ou à la sorcellerie, quelles qu'en soient les circonstances. Ces pratiques païennes avaient pour but de prédire l'avenir par l'interprétation des présages, tout en s'appuyant sur les puissances mystiques ou maléfiques. Cependant, Dieu ne laissa pas pour autant ses enfants décider tous seuls de la voie à suivre. Dieu a suscité beaucoup de prophètes pour guider, éduquer et encourager son peuple.

Alors que l'Éternel s'adressa à Elie dans un son doux et subtil, (1 Rois 19.12), Il parla à Amos dans le rugissement d'un lion (Amos 1.2, 3.8). À la demande de l'Éternel, Amos condamna l'injustice, l'oppression des pauvres, l'immoralité et les rites religieux qui étaient souillés par les pratiques païennes. Amos 7.1-6 décrit deux visions du jugement de l'Éternel contre Israël. Cependant, à deux reprises, Amos intercéda pour le peuple et l'Éternel renonça à le frapper de sa colère. Toutefois, Amos appelait Dieu le « Seigneur Éternel », témoignant ainsi que l'Éternel, tout en jugeant Israël, a fait preuve de justice dans ses jugements. Deux fois de suite, le Seigneur a épargné Israël de sa colère en réponse aux prières du prophète. Malgré cela, le peuple persévéra, toutes les deux fois, dans le péché.

Dans la troisième vision (7.7-9) Amos vit l'Éternel avec un fil à plomb. Cet instrument permet de mesurer la droiture ou l'irrégularité d'un meuble, d'un mur ou de quelque chose qui devrait être rectiligne. On tendit le fil à plomb pour mesurer Israël par rapport aux normes de l'Éternel. Mais Israël était en deçà de la norme. L'Éternel voulait voir si le peuple d'Israël était en conformité avec les normes qu'Il avait établies, mais il avait failli au test à cause de ses pratiques idolâtres. La logique veut qu'un mur penché et qui menace de s'écrouler soit rasé, par mesure de prudence. L'Éternel exerça son jugement sur le roi d'Israël, le tenant pour responsable de la chute du peuple.

Amatsia, le grand sacrificateur du culte d'Israël à Béthel, ne pouvait accepter de voir Amos condamner leurs pratiques idolâtres. son poste à Béthel étant menacé, il essaya alors d'intimider et de faire taire Amos. Celui-ci répliqua, arguant qu'il n'était pas prophète, encore moins fils d'un prophète. Il était un simple berger qui était soumis à la volonté de Dieu et qui écoutait sa voix. Amos prononça le jugement de Dieu à l'encontre d'Amatsia en personne et contre toute la nation d'Israël (7.10-17). L'Éternel, dans sa grande miséricorde, ne les détruisit pas tout de suite, mais leur accorda la possibilité de se repentir. Dans leur obstination et leur refus de changer de comportement, l'Éternel ne tarda pas à appliquer son jugement.

Exercez votre foi

Dieu a une norme de sainteté selon laquelle il veut que l'on vive. Le « fil à plomb » nous aide à voir si nous sommes en conformité avec la volonté de Dieu. Prenez un temps de silence afin que chacun puisse mesurer sa vie selon le fil à plomb de la Parole de Dieu et se repente de toute « fausseté ».

Êtes-vous à l'aise dans le péché ?

LECTURE BIBLIQUE : AMOS 2.6—3.2
PAROLE DE VIE : ROMAINS 6.1-2

Examinez votre vie

Discutez de la façon dont l'âge adulte et la maturité sont compris dans votre communauté ou votre culture. Quels critères doivent déterminer nos choix par rapport au partenaire de mariage, au travail, au plan de carrière, aux études, etc. ? Quels droits et quelles responsabilités les adultes ont-ils et que les enfants n'ont pas ? En quoi la connaissance de soi est-elle déterminante quant à vos choix, vos options et vos décisions ?

Explorez la Parole

Amos était réputé pour proférer le juste jugement de Dieu, en mettant à nu les échecs du peuple de Dieu face au péché. Il n'y a pas d'illusion à se faire quant à la colère de Dieu ; Amos a clairement identifié les péchés les plus évidents d'Israël. Amos était citoyen du royaume du Sud (Juda), mais ses prophéties furent destinées au royaume du Nord (Israël). Les citoyens du Nord avaient mal accueilli Amos et son message parce qu'il était originaire du royaume du Sud. Il avait clairement annoncé que leur manquement à maintenir et à respecter l'alliance qu'ils avaient conclue avec Dieu serait à l'origine de leur chute (ils seront conquis par les Assyriens).

Amos accusa explicitement les nations voisines d'Israël en citant leurs péchés. Puis, il se tourna vers Israël et souligna quatre principaux domaines où il avait péché. Premièrement, Israël était impliqué dans le commerce des esclaves de l'époque - en vendant « le juste pour de l'argent ». Deuxièmement, le mépris total de la valeur et de la dignité de l'homme était manifeste dans leurs transactions, notamment dans l'achat des propriétés. Amos vit que les pauvres et les nécessiteux avaient été lésés par ceux qui détenaient l'argent et le pouvoir et il les avertit de leur injustice et de leur corruption. Troisièmement, Israël était coupable d'immoralité sexuelle - ce qui n'était pas un péché « nouveau » chez les israélites. Leurs pratiques sexuelles abusives faisaient fi des lois divines, des droits et des valeurs humaines. Enfin, les israélites abusaient des pauvres en prenant leurs vêtements comme

gage. Selon Exode 22.26, le vêtement devait être rendu à son proprié-
taire à la tombée de la nuit parce qu'il constituait sa seule couverture,
mais les israélites feignaient d'ignorer cette loi.

Amos leur déclara que Dieu visiterait Israël tel un ennemi apportant
la destruction. Il décrit l'action directe de l'Éternel comme un chariot
surchargé. Tout comme s'écrase le chariot chargé de gerbes, ainsi sera
Israël sous les assauts de ses ennemis. L'Éternel était en colère car
Israël avait entendu ses commandements mais ne les mettait pas en
pratique. Ils s'adonnaient à leur propre plaisir, faisant ce qu'ils voulaient. Ceci est fréquent dans l'Église d'aujourd'hui. Nous ne sommes
pas exempts du jugement de Dieu parce que nous sommes ses enfants. 1 Pierre 4.17 nous rappelle que le jugement commencera par la
maison de Dieu. Il s'attend à ce que ses enfants obéissent à ses commandements en réponse à l'amour qu'ils ont pour lui dans leur cœur.

Exercez votre foi

La vie chrétienne est une affaire sérieuse. Elle ne doit pas être prise à
la légère. Le risque est grand de vouloir considérer la grâce de Dieu
comme un acquis. Y a-t-il des aspects dans votre vie spirituelle qui
vous procurent de l'autosatisfaction ? Vous êtes-vous écartés de la
volonté de Dieu dans votre vie ? Avez-vous laissé des péchés flagrants
régner dans votre vie, croyant que Dieu allait les ignorer ? Si oui, apportez ces choses devant Dieu, confessez-vous, repentez-vous et lais-
sez-Le vous purifier aujourd'hui.

Que la justice coule comme une rivière !

LECTURE BIBLIQUE : AMOS 4.1-3 ; 5.11-24
PAROLE DE VIE : AMOS 5.24

Examinez votre vie

(Note : Une « zone d'ombre » est un domaine dans la vie d'une personne où elle semble ne pas voir la vérité, même si elle est évidente pour quelqu'un d'autre.) Décrivez les zones d'ombre qui pourraient exister dans la foi et la marche d'un chrétien ? *(Par exemple, certains sont « des chrétiens du dimanche » ; ils vont à l'église alors qu'ils mènent une vie de débauche le restant de la semaine etc.).* Est-ce une pratique courante ou inhabituelle dans l'Église ? Il existe bien sûr plusieurs et différents niveaux d'engagement dans la foi chrétienne. L'appel lancé à tous les chrétiens est d'être des croyants pratiquants et ce , chaque jour.

Explorez la Parole

L'une des pires « zones d'ombre » réside dans l'idée selon laquelle la foi est une chose privée entre Dieu et l'individu. Pourtant, la Parole de Dieu nous dit clairement que notre foi doit être vécue en communauté. La manière dont nous nous traitons les uns les autres en dit long sur la « santé » de notre relation avec Dieu. Amos rappela aux Israélites que cette relation devait avoir un impact sur leur vie entière. En fait, leur manière de vivre prouvait qu'ils ne mettaient pas leur foi en pratique.

Dans ses dernières accusations contre Israël, Amos mentionna la méchanceté des femmes et émit un jugement sur elles. En les appelant « vaches de Basan », il critiquait les femmes riches et choyées de la société. Elles étaient impitoyables dans leur manière de traiter les pauvres et ne rendaient justice à ceux qui étaient sous leur responsabilité. Paradoxalement, elles exigeaient de leurs maris la satisfaction de tous leurs désirs. La manière dont les riches abusaient des pauvres ne plaisait guère à Dieu et Il envoya sur Israël un jugement contre ceux qui usaient de leur pouvoir pour opprimer les autres. Même la cour de justice située à l'entrée de la cité était tant corrompue par les riches qu'elle devint aussi un outil d'oppression. Amos révéla trois accusations contre Israël : l'oppression du juste, les pots de vin et l'injustice à l'endroit des pauvres. En 5.14-15, Amos invita Israël à chercher le Seigneur pour obtenir ainsi les bienfaits de ses bénédictions et de sa présence. « Chercher Dieu » est un acte d'adoration et de dévotion à ce qui est important à ses yeux . Autrement, le jugement devenait imminent.

Amos défia ensuite les préjugés populaires sur un sujet courant de l'Ancien Testament qui concernait la foi des Israélites. Israël attendait le « Jour du Seigneur », la venue de Dieu, pour anéantir ses ennemis. Au lieu de désirer ce jour, Amos leur fit comprendre que le jour du Seigneur « sera ténèbres et non lumière » pour Israël (5.18). Il expliqua que ce jour apportera le jugement de l'Éternel sur Israël. Dieu exige que son peuple soit intègre. Leur adoration doit être accompagnée d'une vie de justice et de droiture. Dieu n'a pas changé. Il continue d'inviter son peuple à une foi véritablement évidente. Toute foi qui se situerait en deçà serait synonyme de déception et de destruction.

Exercez votre foi

Répondez à cette remarque : « Si votre vie et vos relations ne sont pas exemplaires, alors votre adoration est vaine ». Si la justice et la droiture sont si importantes aux yeux de Dieu, peuvent-elles l'être moins dans l'église ou dans notre vie aujourd'hui ? S'il n'y avait pas la Bible et que les gens n'avaient pour référence que votre vie pour apprendre à connaître le Christianisme, qu'auraient-ils appris par vous ? Existe-t-il des aspects de votre vie que vous devriez changer ?

Nul ne peut échapper au jugement de Dieu

LECTURE BIBLIQUE : AMOS 9.1-15
PAROLE DE VIE : ACTES 3.19

Examinez votre vie

Permettez aux adultes de penser pendant une minute aux pires décisions qu'ils aient déjà prises. Demandez à un ou deux volontaires de partager un incident après lequel ils se sont dit : « si seulement j'avais su ce que je sais maintenant, j'aurais agi différemment. » Nous avons appris que Dieu est épris de justice et parfois cela signifie vivre avec les conséquences de nos mauvaises décisions. Qu'il est rassurant de savoir que, malgré nos erreurs, nous avons toujours la possibilité de recevoir la miséricorde et le pardon de Christ si nous le lui demandons !

Explorez la Parole

Amos, se tenant debout à côté de l'autel, lieu de rencontre entre Dieu et le croyant, vit et entendit l'Éternel. Même pour le peuple infidèle d'Israël, la prophétie de la destruction de l'autel et du temple était terrifiante. Pire encore, tout survivant de cette destruction serait tué par l'épée. Nul n'échapperait à ce jugement. Israël avait brisé son alliance avec Dieu. Amos prédit que les malédictions de cette alliance étaient imminentes. L'Éternel regardait Israël « pour son malheur et non pour son bonheur », à cause de son péché et nul ne pourrait échapper à son jugement.

Amos rappela à ceux qui l'écoutaient le caractère impressionnant du Dieu qu'ils avaient abandonné. Amos Le décrivit comme « Le Seigneur, l'Éternel *(Yahvé)* Tout-Puissant ». Il rappela au peuple les actions antérieures de Dieu pour les convaincre de sa capacité à agir, aujourd'hui, selon son jugement. Dans plusieurs parties de l'Ancien Testament, nous pouvons lire ce qui s'était produit quand Yahvé descendit sur la terre pour en toucher la surface : la terre s'est effondrée, elle est montée tout entière comme le Nil puis s'est affaissée. En tant que Créateur, Yahvé a bâti sa demeure dans les cieux et fondé sa voûte sur la terre. C'est ce même Dieu qui a étendu son jugement sur tout Israël, affirmant que son alliance exclusive avec le peuple venait de prendre fin à cause de son infidélité. Le jugement réitéré de Dieu est basé sur sa sainteté et ses yeux sont sur le péché d'Israël. Cependant, une dernière lueur d'espoir demeure : « Je ne détruirai pas totalement ... la maison de Jacob » (verset 9a).

La restauration du reste fidèle est commun à tous les prophètes. Ce thème n'est pas une négation du jugement de Dieu mais confirme plutôt la vérité de la justice du jugement divin. Les dernières paroles d'Amos font référence à un temps futur de prospérité et de grande paix. Dans la théologie de l'Ancien Testament, la phrase « En ce jour-là » indique un lieu futur imprécis, marquant la fin des temps. L'avenir que Dieu prévoit pour son peuple est décrit en deux thèmes. Le premier thème est celui de la fertilité constante de la terre. Laissant sa vision le conduire au-delà de l'époque de l'Exil, Amos entrevoit le jour où le Seigneur ramènera d'exil le peuple d'Israël. Ce changement de décision de Dieu, passant de la colère à la miséricorde, représente une seconde chance pour Israël. Cette dernière prophétie d'Amos suggère la promesse illimitée faite par l'Éternel de restaurer la destinée de son peuple.

Exercez votre foi

Le message d'Amos est aussi un avertissement pour nous, afin que nous soyons prudents et demeurions fidèles à Dieu dans chaque domaine de notre vie et dans nos relations avec les autres. Existe-t-il des aspects de votre vie où Dieu vous montre que vous accordez plus d'importance à un « dieu » autre que lui ? Dans quel domaine de votre vie voudriez-vous que le Saint-Esprit vienne vous restaurer et vous fortifier ? Avez-vous besoin de renouveler votre engagement à Dieu ? Prenez un moment pour y réfléchir et terminez par une prière.

Refléter la sainteté de Dieu

LECTURE BIBLIQUE : 1 PIERRE 1.13-25
PAROLE DE VIE : 1 PIERRE 1.15-16

Examinez votre vie

Demandez aux adultes de décrire certains faits sociaux qui portent atteinte à la morale. Discutez de certains changements survenus dans votre culture et qui pourraient déranger les vieilles générations ; de certaines choses qui vous paraissaient mauvaises quand vous étiez jeunes et qui vous semblent acceptables aujourd'hui. Ces changements sont-ils des signes précurseurs d'un reniement de Dieu de la part des fidèles ? Les « gens de l'église » sont-ils des modèles de moralité, de loyauté et de décence ? Un modèle de vie de sainteté produit véritablement les effets dont la société a désespérément besoin. Il est essentiel que nous cultivions un mode de vie de sainteté aussi bien à la maison qu'à l'église.

Explorez la Parole

Le passage biblique d'aujourd'hui nous rappelle que si nous sommes saints, il doit y avoir une certaine « empreinte » sur nous. Les chrétiens devraient être différents des non chrétiens dans leur moralité, leurs attitudes et leurs comportements. Dieu est Lui-même la définition de la Sainteté par excellence. Il y a deux types de sainteté qui Le décrivent. Il y a tout d'abord la sainteté du mystère suprême. C'est l'impressionnante altérité de Dieu ; Il n'attend pas cela de nous (verset 15). Il y a ensuite la sainteté que Dieu attend de nous et qui est d'avoir une part de son Caractère. Jésus est l'exemple parfait du caractère de Dieu dans un être humain. En Jésus nous voyons comment la sainteté agit et parle.

La véritable vision de la sainteté est faite de possibilités. Parfois, la sainteté est mal comprise et est limitée à une liste de choses à faire et à ne pas faire, mais sa signification va bien au- delà de tout cela. L'appel à la sainteté est une invitation à vivre autrement. Dieu nous appelle à la sainteté parce qu'Il veut que ses enfants lui « ressemblent ». Cependant, cela ne se fait pas « tout seul ». Nous devons opter pour un abandon total à Dieu afin de lui permettre de nous purifier et de nous utiliser selon sa volonté. Ce choix demande que nous soyons décidés et engagés à vivre quotidiennement dans la discipline et la responsabilité. Nous devenons des citoyens du Royaume éternel de Dieu et nous ne sommes plus contrôlés par la vision limitée ou les plaisirs de ce monde. Cette sainteté devrait aussi se refléter dans nos relations avec les autres. Paul nous met en garde en disant qu'un soldat ne devrait pas s'embarrasser des affaires de la vie civile (2 Timothée 2.4) afin de garder ses priorités et son dévouement clairs et sans compromis. Nous ne devons pas bâtir notre paradis sur terre ; nous ne sommes que des « pèlerins » de passage .

La grâce rend la sainteté possible (versets 13, 18-21). Nous n'aurions jamais pu la découvrir ni l'atteindre tous seuls. La sainteté n'est possible que par la rédemption de Christ. C'est par la grâce que Dieu nous a permis d'accéder à la sainteté. Par la grâce, notre total abandon à notre Seigneur Jésus Christ permet au Saint-Esprit d'agir, reproduisant en nous le caractère saint de Dieu. Par la grâce, le Saint-Esprit nous permet de nous remettre en question et nous conduit à adopter des habitudes qui renforcent et expriment la sainteté. Il nous permet de choisir de vivre chaque jour selon les principes de la sainteté. Les disciplines spirituelles ainsi que la responsabilité personnelle nous aident à modeler notre vie qui reflète notre citoyenneté choisie.

Exercez votre foi

Quels changements pratiques et réels le fait d'être une église de la sainteté peut-il apporter dans ta communauté ? L'intervention de la grâce dans votre vie a-t-elle modifié quelque chose dans vos rapports avec les autres ? Qu'apporte-t-elle dans votre vie ? Si vous ignorez la réponse, il serait sans doute temps de réévaluer votre santé spirituelle.

Grâce infinie

LECTURE BIBLIQUE : PSAUME 103.8-18
PAROLE DE VIE : PSAUME 103.8

Examinez votre vie

Qu'est-ce qui est le plus important ? Ce que nous vivons ou ce que nous laissons paraître ? Discutez-en ! Ne cherchons-nous pas souvent à donner l'*impression* que tout va bien dans notre vie ? Ne vous êtes-vous pas davantage préoccupés de vos « performances » dans la vie que de l'état de votre vie spirituelle ? Se focaliser sur l'apparence favorise la paresse spirituelle mais Dieu nous donne plus de grâce et de miséricorde que nous ne méritons pour mener une vie spirituellement complète.

Explorez la Parole

Désignez quelqu'un pour lire le passage biblique puis, ensemble, trouvez et faites une liste des caractéristiques de Dieu. Le Psaume 103 est une fenêtre qui montre que l'amour de Dieu est irrésistible ; il est englobant, débordant et dépasse notre imagination. Un vrai regard sur la « face » de Dieu révèle sa grâce et sa miséricorde. La Bible nous montre que Dieu est à l'œuvre pour notre bien. Il est patient face à nos échecs. Il est compatissant et nous fait grâce. ses actes tendent à nous rapprocher de Lui. L'attitude de grâce et le désir de rédemption de Dieu ne sont pas des fantaisies passagères ou dépendant d'émotions ; elles font plutôt partie intégrante de sa nature éternelle (verset 17). Nous reconnaissons que les Psaumes n'ont pas été écrits pour servir de doctrines et ne répondent pas à toutes les questions concernant Dieu. Un Psaume est simplement un poème exprimant des louanges à Dieu et nous faisant comprendre la nature universelle de sa grâce.

Le psalmiste rend aussi témoignage de l'amour infini de Dieu. Il mentionne des bénédictions qui sont le fruit de l'amour infini du Seigneur (verset 3-5), ainsi que des paroles de louange (verset 2), de crainte de l'Éternel (versets 11, 13, 17) et d'obéissance (verset 18). À trois reprises, le psalmiste affirme que l'amour indéfectible du Seigneur est pour ceux qui le craignent (versets 11, 13, 17) mais il ne s'agit pas d'une peur anxieuse. Il s'agit plutôt d'une peur biblique assimilable à une attitude de respect. Nous ne pouvons pas gagner l'amour de Dieu en agissant de quelque manière que ce soit ou en Le craignant. Nous Le respectons plutôt et lui obéissons pour ce qu'Il est et pour ce qu'Il a fait pour nous. Dieu comprend nos faiblesses et nous accepte, malgré cela, tels que nous sommes (versets 14-17).

Si vous voulez connaître les limites de l'amour de Dieu pour ceux qui mettent leur confiance en Lui, mesurez la hauteur du ciel (verset 11). Vous saurez jusqu'où va sa compassion si vous êtes capables de calculer une distance qui va d'est en ouest (verset 12). D'autre part, vous pouvez évaluer les frontières de son immense miséricorde, si vous parvenez à chronométrer le temps d'éternité en éternité (verset 17). Suivre Dieu ne devrait nullement être un risque ou un danger quelconque parce qu'Il œuvre pour nous. Comment pouvons-nous répondre autrement à son appel si ce n'est par gratitude et obéissance volontaire ? La découverte de la grâce divine ne nous transforme pas seulement personnellement ; elle change aussi notre manière de vivre en communauté. Notre vie devrait être un reflet de la grâce. Refuser la grâce aux autres, c'est renier celle que nous avons reçue. Celle que nous montrons aux autres n'est pas enracinée dans nos propres forces et ne dépend pas de notre bienveillance personnelle. C'est la grâce agissante de Dieu en nous qui nous permet de faire également preuve de grâce.

Exercez votre foi

« Que dirons-nous donc ? Demeurerions-nous dans le péché, afin que la grâce abonde ? Certes non ! » (Romains 6.1-2a). Dans le Psaume 103, les témoignages de la profonde compassion de Dieu et de sa grâce pleine d'amour ont balayé nos incertitudes. Nous avons trouvé la voie vers une nouvelle manière d'expérimenter une vie remplie de grâce. Nous sommes reconnaissants envers le Seigneur pour son amour, sa miséricorde et sa grâce. Qu'en faisons-nous maintenant ? C'est à chacun d'en décider personnellement.

Une vie juste

LECTURE BIBLIQUE : 1 JEAN 2.28 ; 3.10
PAROLE DE VIE : 1 JEAN 2.29

Examinez votre vie

Sujet de discussion : Êtes-vous frustré par des gens ? Trouvez-vous difficile de traiter les gens de la même manière que le Christ les traitait ? Existe-t-il un lien entre les relations que nous entretenons avec Dieu et celles que nous entretenons avec les autres ? Si vos relations avec les autres sont tendues, qu'est-ce que cela révèle quant à votre marche avec Christ ?

Explorez la Parole

L'évangéliste Jean est très précis et direct quand il parle du lien entre une vie juste et une foi vivante. Il a bien clarifié les choses en disant que les mots « injuste » et « Chrétien » sont incompatibles. La droiture est relative à la façon dont nous traitons les autres. Jean écrit : « quiconque ne pratique pas la justice n'est pas de Dieu » (3.10). Les principes sur lesquels repose la vie d'une personne se refléteront dans sa manière de vivre. Une vie de péché prouve que les motivations du cœur sont mauvaises. Jean décrit cette motivation du cœur comme appartenant au diable. Il affirme en substance que nous ne pouvons pas à la fois aimer Dieu et vivre comme le diable. Si vous aimez Dieu, vous rechercherez la justice et essayerez de vivre comme un vrai croyant. Nous vivons jour après jour, désirant ardemment et nous efforçant de vivre à l'image de Christ.

À quoi ressemble la justice ? À quoi devrait ressembler un croyant ? La réponse la plus facile est que la vie juste doit tout simplement ressembler à celle que Jésus a vécue sur terre. La Parole de Dieu nous dicte la ligne de conduite ou la norme à suivre pour mener une vie pieuse. Le péché ne peut plus être accepté comme norme de vie. Jean dit : « Quiconque demeure en lui, ne pèche pas » (3.6). Nous tombons et péchons à certaines occasions, mais cela devrait être l'exception plutôt que la règle. Le Saint-Esprit va nous pousser immédiatement à reconnaître notre culpabilité et à réparer le tort causé. Nous devons être prompts à demander pardon à Dieu, à restaurer la relation et à nous remettre sur la bonne voie. Si nous ne le faisons pas, nous créons un fossé dans notre relation avec Dieu. Jésus nous a donné le modèle d'une relation harmonieuse avec Dieu *et* avec les hommes. Cela signifie que nous devrons vivre vertueusement même avec ceux qui abusent de nous. L'exemple de Jésus l'a clairement démontré.

Toute notre justice vient de Dieu. Elle n'est jamais le résultat de notre propre bonté. Notre justice ne devrait jamais être source de fierté spirituelle. Même si la droiture ne nous attire pas la grâce divine, elle en constitue tout de même un témoignage. Autrement dit, puisque Dieu agit par des changements qu'Il opère en nous, il nous est possible de constater l'évidence de nos relations avec Lui. Nous agissons et vivons différemment, avons d'autres valeurs. Nous changeons petit à petit. Bien qu'étant plus insignifiants que nous ne l'aurions souhaité, ces signes révélateurs de changements nous rappellent que nous sommes bien en train de changer. Ces offrandes de justice sont des pas vers la perfection en Christ. La transformation que Dieu a commencée en nous nous donnera la plénitude en Lui. Nous pouvons vivre dans l'espérance, la confiance et la ferveur. Ce jour-là, « nous le verrons tel qu'Il est » et nous serons « semblables à lui » (3.2).

Exercez votre foi

Êtes-vous différent de votre entourage ? Votre justice vous met-elle réellement à part ou ressemblez-vous à vos amis et collègues ? Les non croyants peuvent-ils observer votre vie du dimanche au samedi et reconnaître les caractéristiques de Dieu en vous ? Vos paroles et actes reflètent-ils le déversement continu de la justice de Dieu dans votre vie ? Vos relations avec les autres sont-elles un signe de votre foi en Jésus-Christ ? Existe-t-il des domaines de votre vie où vous avez besoin du secours de Dieu pour « les rendre justes » ? Il attend seulement que vous le lui demandiez !

Vous pouvez compter sur lui

LECTURE BIBLIQUE : PSAUME 89.1-18
PAROLE DE VIE : PSAUME 89.8

Examinez votre vie

Ne vous est-il jamais arrivé de prendre quelque chose en mains parce que vous ne croyiez pas que Dieu puisse accomplir ce qu'il promet ? Est-il difficile de lui faire confiance et de L'attendre ? Pouvez-vous citer quelqu'un dans la Bible dont l'impatience vis à vis de Dieu est semblable à la vôtre ? Ce passage biblique nous apprend que lorsque Dieu semble loin de nous et qu'Il n'écoute ni n'entend nos prières, Il demeure toujours fidèle et nous pouvons, à tout moment, compter sur lui car Il nous écoute et nous tire de nos difficultés. Que serait l'Évangile sans la fidélité de Dieu ? À quoi ressembleraient nos vies ?

Explorez la Parole

Nous vivons dans un monde en pleine et rapide mutation. Des choses qui nous avaient été familières, il y a de cela quelques années, sont à présent démodées. Les gouvernements changent, les sociétés changent et nous changeons. Sur quelle fondement pourrait-on construire nos vies sans risques ? En quoi pouvons-nous mettre notre espérance ? Dans le Psaume 89, le psalmiste chante les louanges de la fidélité de Dieu, qui contrôle toute chose. La fidélité de Dieu s'étend de génération en génération. Il est le même hier, aujourd'hui et éternellement. Le caractère et les qualités de Dieu sont constants et éternels. Les êtres humains sont tellement changeants qu'il nous est difficile de comprendre l'idée d'un « caractère immuable ». Quel contraste avec Dieu qui ne reflète aucune « ombre de changement » (Jacques : 1.17) ! Dieu déclare en parole et en acte : « comme j'ai été... ainsi Je serai ».

Nous pouvons témoigner de la fidélité de Dieu « dans les cieux eux-mêmes » (verset 3). Les étoiles et les corps célestes sont en perpétuel mouvement. Jour après jour ; ils délivrent sans cesse des messages (Ps 19.2) annonçant la gloire et la fidélité de Dieu. Toute la création appartient à Dieu. son ordre et sa cohérence reflètent le caractère fidèle de sa supervision. Cette vérité est confirmée dans la vie de Jésus qui a non seulement apaisé la tempête, mais a aussi enseigné que Dieu fait tomber la pluie sur les justes comme sur les injustes (Mathieu 5.45).

Tout comme Il est au ciel, Il le sera aussi sur terre. Nous pouvons compter sur Lui. Alors que nous nous joignons au psalmiste dans la célébration de la fidélité et de l'amour infini de Dieu, nous ne devrions pas perdre de vue la vérité que sa fidélité englobe sa justice et sa droiture. Nous vivons dans l'assurance que cette fidélité est révélée dans sa cohérence et dans l'accomplissement de ses promesses.

Nous avons besoin de reconnaître et de proclamer la fidélité de Dieu, particulièrement pendant notre adoration. Au moment où nous célébrons notre foi, nous rappelons ses actes puissants dans notre vie. Chaque génération doit porter témoignage à la fidélité constante de Dieu. « Les pierres » de la fidélité de Dieu dans leur vie sont de vibrants témoignages pour nous. Notre adoration nous permet d'observer une pause et de redécouvrir l'ampleur de la fidélité de Dieu. L'adoration nous rappelle tous les instants et lieux où Dieu a été fidèle (rappelez-vous « ces instants », « ces lieux », etc.). L'adoration nous permet de mettre notre expérience quotidienne en perspective, en regardant les changements qui s'opèrent autour de nous et les valeurs relatives à la fidélité de Dieu qui disparaissent. Dieu est fidèle. son caractère est immuable ; ainsi, nous pouvons nous approcher de lui avec confiance. Il est fidèle aussi bien dans ses paroles que dans ses promesses.

Exercez votre foi

La « description de l'emploi » d'un enfant de Dieu inclut la tâche d'être un « reflet de sa Justice ». Nous devrions refléter ses actes, son amour et son caractère. Comment agissez-vous en tant que miroir ? Reflétez-vous Christ ou reflétez-vous les gens qui vous entourent ? Reflétez-vous son Amour, sa paix et l'espoir ou plutôt que la haine, la jalousie et l'égoïsme si présents dans notre monde ?

L'invitation à la sagesse

LECTURE BIBLIQUE : PROVERBES 1.1-7 ; 2.1-8
PAROLE DE VIE : PROVERBES 9.10

Examinez votre vie

N'avez-vous jamais eu l'impression que la Bible n'avait que peu ou pas d'impact et de pertinence par rapport aux combats que vous menez quotidiennement ? Évitez-vous de lire la Bible parce que vous la trouvez trop difficile à comprendre ? Quelle est la fréquence de votre lecture de la Bible pour être guidé dans la vie de tous les jours ? Beaucoup de gens pensent que la Bible ne renferme que des choses spirituelles et ne peut être utilisée que pour prier, étudier ou témoigner. Toutefois, la Bible a aussi beaucoup de choses à révéler sur les réalités pratiques de la vie quotidienne.

Explorez la Parole

Le livre des Proverbes a été écrit à partir d'un point de vue pratique de la vie. Un « Proverbe » est une déclaration concise qui reproduit un principe général de vie. Durant le règne de Salamon, les Israélites jouissaient d'une longue période de paix et de prospérité. De ce fait, ils avaient largement le temps de réfléchir sur plusieurs aspects pratiques de la vie. Ils voulaient comprendre ce que la Parole de Dieu pouvait leur apporter dans la vie de tous les jours, comment elle pouvait les affecter en ces instants précis. Ils passèrent beaucoup de temps à composer, à collecter et à apprendre des proverbes pour leur vécu quotidien.

De manière générale, les Israélites n'étaient pas un peuple intéressé par la quête du savoir pour l'amour du savoir. Ils voulaient en faire un usage pratique. Pendant qu'ils souhaitaient acquérir la sagesse qui leur permettrait de prendre des décisions dans la vie de tous les jours et les préparerait pour l'avenir, ils ne cherchaient pas la sagesse ni des sorciers ni des devins. Au contraire, ils cherchaient la sagesse véritable, sensible, compréhensible et applicable de Dieu. Moise avait mis en garde les Israélites de ne pas chercher la sagesse pour de fausses raisons ou intentions : « Ce que je te prescris aujourd'hui n'est certainement pas au-dessus de tes forces, ni hors de ta portée. Il n « est pas dans le ciel, pour que tu dises : « Qui monteras pour nous au ciel pour nous l'apporter ? » Il n'est pas non plus de l'autre côté de la mer pour que tu dises, « Qui passeras pour nous de l'autre côté de la mer.. ? Non, la Parole est tout près de toi; elle est dans ta bouche et dans ton cœur afin que la mettes en pratique (Deutéronome 30.11- 14). La sagesse est aussi proche que la Parole de Dieu. À quelle distance est-elle ? Elle doit être mémorisée et gardée dans ton cœur (Psaume 119. 11) ; elle doit être « dans ta bouche » et doit être mise en pratique afin qu'elle soit le fruit de ton obéissance.

Une passion pour la sagesse est caractérisée par un esprit résolument centré sur Christ. Dieu ne donne pas une « sagesse instantanée », mais Il guide pas à pas ceux qui ont commencé la quête pour la vie de la sagesse. De même, une passion résolue pour la sagesse conduit droit les enfants d'Israël au « Seigneur qui donne la sagesse et de la bouche de qui viennent la connaissance et la raison » (Proverbes 2.6). Les écrits des Israélites sur la sagesse se fondent sur la conviction que le plus grand attribut de Dieu est sa sainteté. En guise de résultat, leurs enseignants accordaient beaucoup d'importance à une conduite correcte et à des relations saines. Prenez le temps de mémoriser la Parole de vie d'aujourd'hui qui dit que la crainte de l'Éternel est le commencement de la sagesse. Une obéissance respectueuse au Seigneur est le facteur déterminant de la vraie sagesse. Nous acquérons la connaissance lorsque nous sommes connectés à la source de la sagesse qui est Dieu.

Exercez votre foi

Êtes-vous connecté à la source de la sagesse ? Craignez-vous l'Éternel dans la révérence et l'obéissance ? Avez-vous une passion pour rechercher la sagesse de Dieu ? Elle ne peut s'obtenir ni par les études universitaires ni par les livres des érudits, mais en recherchant la face de Christ et en marchant sur ses pas.

Les bienfaits de la sagesse

LECTURE BIBLIQUE : PROVERBES 3.5-20
PAROLE DE VIE : PROVERBES 3.5-6

Examinez votre vie

(Note : « l'évangile de la prospérité » enseigne que Dieu enrichira tout « vrai croyant » au-delà de tout ce qu'il pourrait imaginer). L'enseignement de « l'évangile de la prospérité » s'est-il infiltré dans votre communauté ? Prenez le temps de discuter de quelques-unes des promesses que font les prédicateurs de « l'évangile de la prospérité ». Les personnes dans votre église ou votre communauté sont-elles sensibles à ce genre de promesses ? Aujourd'hui, nous parlerons d'une autre forme de richesse que Dieu accorde gratuitement. C'est la richesse qui vient des bonnes décisions.

Explorer la Parole :

Comme nous l'avons souligné la semaine dernière, la crainte de l'Éternel est le commencement de la sagesse qui signifie une obéissance respectueuse. L'engagement est l'essence de cette obéissance respectueuse. La confiance en l'Éternel commence par l'engagement. Nous devons tout d'abord nous engager en toute chose (verset 5 a), car le seul moyen d'avoir confiance en Dieu est de « se confier de tout son cœur ». Nous sommes appelés à tout lui confier. Nous devons alors nous appuyer fortement sur lui (verset 5 b). La connaissance et la raison humaines ne suffisent pas pour nous soutenir mais nous devons prendre fortement appui sur lui parce qu'Il est le Maître de l'avenir. Cela suppose une soumission totale (verset 6 a). Le « reconnaître » signifie littéralement « l'avoir déjà connu ». Cela implique qu'il faut avoir une relation avec Dieu, apprendre à Le connaître dans une relation étroite. Il est donc important de rester humble (verset 7 a). Les Saintes Écritures parlent de folie quand nous devenons « sages à nos propres yeux », ce qui est un péché d'orgueil qui voudrait prendre la place du Roi divin. Les Saintes Écritures continuent en soulignant que nous devons éviter le mal (verset 7 b). Nous ne pouvons vénérer ou obéir au Seigneur qu'en nous détournant du péché. Nous devons aussi faire preuve de générosité (verset 9). L'usage que nous faisons de nos biens témoigne de l'importance que nous leur accordons. Nous devons donner les prémices de nos revenus à l'Éternel (la dîme). Enfin nous devons être ouverts à l'instruction (verset 11). Nous devons volontiers accepter l'enseignement de Dieu et de nos frères et sœurs en Christ.

La recherche de la sagesse peut nous valoir certaines récompenses. Nos sentiers sont aplanis (verset 6), résultat de notre étroite relation avec Christ. Nous aurons ensuite la santé du corps (verset 8). Cela ne veut pas dire que les chrétiens ne tombent pas malades ou qu'ils ne meurent pas à la suite de maladies. Cette « santé » signifie entretenir une bonne relation avec Dieu. Une autre promesse est que « vos greniers seront abondamment remplis » (verset 10). Ceci n'est pas un évangile de la prospérité, mais cela signifie plutôt que nous serons bénis en abondance, bien que ces bénédictions ne soient pas toujours d'ordre matériel. Enfin, le Seigneur nous enseignera la « discipline » et nous « apprendra » comment progresser (verset 12). La sagesse est aussi décrite comme un « arbre de vie » (verset 18) qui continuera d'apporter bénédiction sur bénédiction pour les générations. Et enfin, l'Éternel nous « corrigera » ou nous enseignera dans la voie à suivre (verset 12). Finalement, nous réalisons que notre manière de répondre aux circonstances de la vie n'est qu'une question de choix. La réaction naturelle face aux difficultés ou à la souffrance est le ressentiment. La réponse de la sagesse est de nous rapprocher davantage de Dieu à travers les expériences de la vie.

Exercez votre foi

N'avez -vous jamais souffert des conséquences découlant d'une mauvaise décision ? Avez-vous déjà reçu les bénédictions résultant d'une bonne décision ? Faites-vous souvent des choix déraisonnables pour souffrir des conséquences par la suite ? Vous avez sans doute besoin de vous rapprocher de Christ afin qu'Il vous guide sur les voies de la sagesse plutôt que de laisser le monde vous guider et vous diriger sur les mauvaises voies.

La suprématie de la sagesse

LECTURE BIBLIQUE : PROVERBES 4.1-19
PAROLE DE VIE : PROVERBES 4.13

Examinez votre vie

En tant que parent, considérez-vous le fait d'être le guide spirituel de votre enfant comme une tâche presque irréalisable ? Avez-vous une fois dit ou fait quelque chose et constaté avec horreur que vos faits et gestes ont été repris par un de vos enfants ? En fait, nous sommes encouragés à guider nos enfants sur les pas de Christ. La Parole d'aujourd'hui nous exhorte à leur inculquer la passion de la sagesse. Cependant, il n'y a aucun moyen d'y parvenir si nous-mêmes ne possédons pas cette passion. Nos propres enfants mis à part, il nous faut prouver au monde que nous avons la passion de connaître Dieu à travers la sagesse.

Explorez la Parole

La plupart des choses que nous apprenons sur la vie ne nous viennent ni de l'école ni de l'université, mais de notre propre expérience ou de nos parents. Pères et mères transmettent souvent quelques notions de sagesse à leurs enfants dans l'espoir de les influencer à prendre le droit chemin. En Israël, ils étaient chargés de l'instruction et tous deux méritaient le respect. Au verset 3, nous voyons que les parents s'étant rendu compte que leur enfant était tendre et sensible, se sont montrés doux, attentifs et patients en l'instruisant. Comme les enfants imitent facilement les comportements, il est important de leur inculquer un profond désir de la sagesse. Ce ne sont pas seulement eux qui ont besoin de voir ce profond désir, mais aussi nos communautés, nos collègues et nos frères et sœurs en Christ. Nous devons servir d'exemples de sainteté dans tous les domaines de la vie.

Aux versets 4-9, nous voyons que le père a une très grande passion pour la sagesse. Il la décrit comme une fiancée qu'on aime, courtise, poursuit, estime et embrasse. Il dit ensuite, « acquiers la sagesse. Et avec tout ton acquis, acquiers l'intelligence » (verset 7). Les gens dans notre société séculaire ont leurs propres conceptions de la sagesse et de la façon de l'acquérir. Certains pensent que vous pouvez la trouver à la télévision, dans un livre ou peut-être en écoutant les anciens de la communauté. Tout ceci pourrait certes établir des principes utiles, mais pour le chrétien, la sagesse est bien plus que des règles et des principes. Si nous voulons connaître la sagesse de Dieu, regardons Jésus Christ, le Fils de Dieu. Paul nous dit en Colossiens 2.3 ; que « tous les trésors de la sagesse et de la connaissance sont cachés en Christ ».

Proverbes nous met en garde : « N'entre pas dans le sentier des méchants et ne t'avance pas dans la voie des hommes mauvais » (verset 14). Ceux qui sortent du droit chemin et des limites protectrices des lois bienveillantes de Dieu trouvent qu'il n'y a rien pour les assister dans leur chute précipitée vers le mal. Pendant qu'il est dit dans l'épître aux Romains que « le salaire du péché, c'est la mort », il est formidable aussi de savoir que si nous vivons dans les limites des lois morales, spirituelles et physiques de Dieu, nous jouirons « des routes de la droiture » (verset 11). Pour celui qui aura fait le bon choix, « les années de ta vie seront nombreuses » (verset 10). Autour de nous ou dans la Bible, il y a beaucoup d'exemples de bénédictions de Dieu dans la vie de ceux qui marchent dans le droit chemin (Abraham, Moïse, Josué, Paul). Retenez également cette sévère mise en garde de Paul : « Abstenez-vous du mal sous toutes ses formes » (1 Thessaloniciens 5.22).

Exercez votre foi

Votre passion pour la sagesse s'est-elle éteinte ? Désirez-vous « obtenir la sagesse » ? Le moyen « d'acquérir la sagesse » est de connaître Dieu. Pour Le connaître, nous devons chercher sa face, sa Parole, sa communion à travers la communion fraternelle, la prière et la méditation de ses paroles. La vraie sagesse vient de Dieu et non des livres ou des séminaires. Quand nous cherchons Dieu, nous trouvons aussi la sagesse.

Où trouve-t-on la sagesse ?

LECTURE BIBLIQUE : JOB 28.12-28
PAROLE DE VIE : JOB 28.28

Examinez votre vie

N'avez-vous jamais pensé ou posé cette question : « Qu'ai-je fait de mal pour mériter cette souffrance ? » Demandez à quelques volontaires de faire part des conseils et des paroles d'encouragement que d'autres personnes ont partagés avec eux alors qu'ils traversaient des moments difficiles. Existe-il des liens entre la sagesse et la souffrance ? Lesquels ? Dans le livre de Job, nous voyons Job et ses amis essayer de comprendre les raisons de la souffrance. Ils finirent par se rendre compte qu'il n'y avait pas de réponses toute faite. Ils réalisèrent également que certaines questions restent réponses.

Explorez la Parole

Au début de Job 28, Job passe en revue certaines des réalisations humaines de son temps. Ayant reconnu l'inventivité et la créativité des personnes créées à l'image de Dieu, Job pose ces questions : Mais la sagesse, où se trouve-t-elle ? Où est la demeure de l'intelligence ? (12 et 20). La sagesse ne se trouve pas dans la technologie. Cet homme des temps anciens a écrit sur les avancées technologiques de son époque. Ces remarquables réalisations furent le produit du courage et du génie de l'homme. Les technologies actuelles nous étonnent et nous surprennent, mais elles se rapportent plus à la connaissance qu'à la sagesse. Alors, à quelle distance sommes-nous de trouver la véritable sagesse ? Même les immenses trésors ne peuvent pas l'acheter. Dans notre monde, l'argent a une si grande importance ! L'argent peut acheter beaucoup de choses, mais pas la sagesse.

Job et ses amis discutaient du problème de la souffrance humaine et au chapitre 28, la solution au problème se dessine. Aucune explication n'a été donnée quant à la souffrance de Job. Le « Pourquoi » de Job reste sans réponse, mais la conviction (que ce Dieu de toute sagesse qui voit et connaît toute chose, qui sait et voit tout ce que Job endure) commence à naître. Bien que cela dépasse son entendement, Job s'attache à la vérité selon laquelle Dieu est Celui qui sait ce qu'il y a de mieux. En tant qu'êtres humains, ceci est difficile à comprendre.

Comme Job et ses amis, nous voulons des explications. Cependant, Dieu nous répond souvent à travers son silence. Nous ne pouvons en aucun cas comprendre pourquoi Dieu accomplit certaines choses qu'Il fait. Mais en exploitant sa sagesse, nous le connaissons mieux et acceptons ses décisions.

La leçon finale de ce chapitre est un thème récurrent de la littérature de la sagesse : « la crainte du seigneur c'est la sagesse, et s'écarter du mal, c'est l'intelligence » (verset 28). Dans notre étude de Proverbes, nous avons noté que la crainte de l'Éternel est en réalité un sens profond et respectueux de l'obéissance à Dieu. Où peut-on trouver la sagesse ? Dans une rencontre respectueuse avec Dieu ! De plus, « la crainte de l'Éternel, c'est la haine du mal (Proverbes 8.13). « Pratiquer la justice » (voir Psaume 106.3) est une façon positive de voir les choses. Vivre dans une obéissance respectueuse de Dieu, c'est vivre par sa boussole morale.

Exercez votre foi

Lancez-vous le défi, cette semaine, de réellement connaître Dieu et de chercher sa sagesse et son intelligence (en s'écartant du mal). Cela peut se faire en lisant la parole de Dieu, en passant plusieurs minutes sans interruption dans la prière, à un moment calme de la journée ou tout simplement en vous asseyant et en écoutant ce que Dieu a essayé de vous dire depuis si longtemps ! Soyez sincère avec vous-même et essayez de répondre honnêtement à ces questions : Dans quelles circonstances ai-je permis à Satan de se glisser dans ma vie ? Sous quelle forme vois-je le mal dans ma famille ? Suis-je responsable d'un seul de ces comportements ? Est-ce que je connais vraiment Dieu et sa sagesse ? Ai-je déjà essayé de rechercher sa sagesse ?

Qui occupe la première place ?

LECTURE BIBLIQUE : PSAUME 2.1-12
PAROLE DE VIE : PSAUME 2.10-11

Examinez votre vie

Quels sont les signes extérieurs qui vous montrent que les gens ne s'intéressent qu'à eux-mêmes ? Pensez-vous qu'ils aient atteint leurs objectifs en prétendant vouloir le meilleur pour eux-mêmes ? Voyez-vous des chrétiens qui se préoccupent exclusivement d'eux-mêmes ? Donnez quelques exemples qui prouvent que les gens s'éloignent de Dieu en exprimant le désir de faire les choses par eux-mêmes (l'autonomie, la liberté, l'indépendance). Citez quelques-unes des différences entre ceux qui se considèrent comme leur propre maître et ceux qui laissent Dieu être le Seigneur de leur vie ?

Explorez la Parole

Le Psaume 2 est un psaume royal écrit par David en vue des cérémonies royales. Il met en exergue l'opposition des états voisins rebelles s'opposant au couronnement du nouveau Roi d'Israël et les invite à abandonner toute idée de rébellion. David explique très clairement que s'opposer à l'oint, c'est se liguer contre l'Éternel (2.1-2). Mais les nations, tout comme les individus, ne veulent pas se soumettre à une puissance supérieure. Ainsi parlent-ils de l'Éternel et de son oint : « Brisons leurs liens, et rejetons loin de nous leurs chaînes » (verset 3). Dans leur égoïsme, ils ne veulent rendre de comptes à personne, mais veulent continuer à chercher leurs propres intérêts.

Dès que la scène du Psaume 2 nous fait voir le Ciel, que découvrons-nous ? « Il rit, celui qui siège dans les cieux, le Seigneur se moque d'eux » (2.4). Qui est celui contre qui « les nations complotent » ? C'est le tout-puissant Créateur de l'univers, contre qui il est insensé de se rebeller. Il n'y a pas de quoi rire de la conséquence de l'arrogance humaine. Paul nous aide à comprendre la tension qui existe entre l'Amour de Dieu et sa colère. Dans son récit de la chute de l'humanité dans le péché (Romains 1.18-32), Il écrit : « La colère de Dieu de révèle du ciel contre toute impiété et toute injustice des hommes qui retiennent injustement la vérité captive » (Romains 1.18). Dieu se soucie beaucoup trop de l'humanité pour rester loin de nous, comme le dit Jean 3.16 ; « Car Dieu a tant aimé le monde qu'il a donné son Fils unique. »

Il y a dans l'annonce qui suit quelque chose de merveilleusement déterminant : « C'est moi qui ai sacré mon roi sur Sion, ma montagne sainte » (verset 6). Quand Jésus fut cloué sur la croix, Il fut élevé. Il avait auparavant prédit : « Et moi, quand j'aurai été élevé de la terre, j'attirerai tous les hommes à moi. » (Jean 12.32). L'intronisation du Roi ne s'était pas faite comme le psalmiste l'avait envisagé. Le thème central du psaume 2 est le règne de Dieu. Il montre le contraste entre le juste qui cherche la volonté de Dieu et le méchant qui se rebelle contre la souveraineté de Dieu. Nous n'aimons pas penser au jugement de Dieu, mais nous ne devrons jamais perdre de vue le fait qu'il sera sévère et ultime. L'urgence de la soumission à Dieu est appuyée par la soudaineté de son jugement. Ceux qui vivent dans la soumission à Christ seront bénis. Et les autres qui ne vivent pas dans sa soumission, seront maudits.

Exercez votre foi

Il est futile de se rebeller contre l'Éternel et contre son oint. Qui est le Seigneur de ta vie ? Dieu est-Il le Seigneur de ta vie ou as-tu permis à quelque chose d'autre de s'infiltrer à sa place ? Nous servons un Dieu jaloux qui voudrait avoir la première place dans notre vie. Avez-vous laissé de petites choses comme votre travail , vos enfants, la recherche de l'argent pour une vie plus aisée, prendre sa place ? Si quelque chose s'est infiltré à sa place, il est alors temps de remettre Dieu à la première place.

Quand les saints arrivent en procession

LECTURE BIBLIQUE : EPHÉSIENS 1.1-14
PAROLE DE VIE : EPHÉSIENS 1.3

Examinez votre vie

Qu'est-ce qui serait plus convaincant dans votre église ou dans votre communauté : ce que vous savez de quelque chose ou quelqu'un d'influent que vous connaissez ? À supposer que votre communauté soit confrontée à un problème, qui serait plus à même d'être écouté : un inconnu possédant de grandes connaissances ou quelqu'un qui ne sait rien du problème mais qui est célèbre ?

Explorez la Parole

Paul écrit à l'église d'Éphèse pour les encourager à avoir une conception complètement différente d'eux-mêmes. Il répond éventuellement à la question, « Pourquoi suis-je ici ? », mais il la place ainsi que toutes les autres dans le contexte du caractère et des bénédictions de Dieu. La louange de Paul est centrée sur l'accomplissement du plan de Dieu qui est d'appeler son peuple à être « saint et sans défaut » (1.4). Ceci fut accompli à travers les souffrances de Jésus, qui nous a non seulement accordé la rédemption mais a rendu possible notre adoption dans la famille de Dieu. Paul appelle ses lecteurs « les saints » et « les fidèles » (1.1). Ces mots ne constituent pas simplement un titre de courtoisie ; ils revêtent une signification extraordinaire. Les lecteurs sont « saints », ceux qui ont été « choisis » (1.4, 11), rendus saints (1.4), séparés *pour* les plans de Dieu (1.11) et séparés du *péché* (1.7). Leur sainteté n'est pas seulement de nom, mais le terme décrit ceux dont la vie reflète le caractère de Celui qui les a appelés. Paul se réjouit dans l'Amour de Dieu pour ses enfants rachetés.

Paul assimile Dieu le Père à la source de notre rédemption. son fondement se trouve dans l'œuvre de Dieu à travers Jésus Christ. Chaque geste que nous faisons vers Dieu est une réponse à ceux qu'Il a déjà faits vers nous. Paul célèbre l'essence de la rédemption : elle vient entièrement de Dieu ! Elle n'est pas donnée partiellement. Dieu répand sa grâce et sa rédemption sur nous. Mais une telle grâce, si abondante, ne diminue pas notre responsabilité personnelle vis-à-vis de Dieu. Nous devons utiliser la grâce de Dieu de manière responsable. L'œuvre de Dieu à nos côtés est toujours offerte ; elle ne nous est jamais imposée. Nous n'étions pas seulement faibles et inefficaces ; nous étions « morts par nos fautes » (Éphésiens 2.5). Pierre l'affirma clairement : « Sa puissance divine nous a donné tout ce qui contribue à la vie et à la piété, en nous faisant connaître celui qui nous a appelés par sa propre gloire et par sa vertu » (2 pierre 1.3).

Notre relation avec Dieu par Christ pourvoit toutes les possibilités de faire le bien que nous puissions imaginer. Subissez-vous certaines pressions qui vous poussent à satisfaire les sollicitations quotidiennes de ce monde ? Comment pouvez-vous évaluer les attentes que vous suscitez pour déterminer ce que Dieu aurait voulu que vous fassiez ? Comment votre relation avec Dieu peut-elle faire la différence dans votre famille, votre église, votre communauté ? Comment la vie des chrétiens devrait-elle être différente de celle des non-croyants ? Les chrétiens sont appelés à mener une vie d'obéissance parce qu'ils sont un peuple béni. La grâce dont Dieu a fait preuve envers tout homme prend soin de ceux qui croient et les aide à marcher victorieusement dans le monde.

Exercez votre foi

Notre adoption en tant qu'enfants de Dieu par Jésus Christ présuppose que nous lui ressemblons et est le résultat de cette relation. Le but de notre rédemption est d'être comme Jésus. Accomplissons-nous cette mission ? Existe-t-il des domaines où nous prenons la grâce de Dieu comme allant de soi ? Sondons nos cœurs et regardons s'il n y'a rien qui bloque l'effusion de la grâce et de la sainteté de Dieu en nous et à travers nous ?

Vivant en Christ

LECTURE BIBLIQUE : EPHÉSIENS 2.1-10
PAROLE DE VIE : EPHÉSIENS 2.4-5

Examinez votre vie

Quels sont les signes extérieurs qui montrent les conséquences d'une vie séparée de Dieu ? (Exemples : la haine, la violence, la perversion, l'irrespect, l'illégalité etc.). Quelles conséquences peut-on voir dans la vie des hommes quand la conception du péché est traité avec trop de légèreté ? Peut-on imaginer qu'une personne puisse tomber au plus bas sans jamais se soucier du terrible prix qu'elle aura à payer un jour ? Ces choses ont-elles déjà existées dans la vie des croyants ? Que pouvez-vous faire pour arrêter la progression de la tentation du péché ?

Explorez la Parole

Dans notre étude de la semaine dernière remplies d'exaltantes actions de grâce et de prière, Paul nous faisait directement une description graphique de l'ancien statut des chrétiens Gentils. Mais dans sa description, cet « Apôtre des Gentils » continue en déclarant que ce ne sont pas uniquement les Gentils qui ont un tel statut. « Nous tous aussi » (2.3), Juifs comme Gentils sommes « enfants de colère ». Paul décrit une vie sans Dieu avec cinq caractéristiques, chacune montrant clairement les conséquences d'une vie dominée par le péché. *1. C'est un état de mort spirituelle, une vie séparée de Dieu (Unique détenteur de la vie) par nos fautes et nos péchés.* Pour la personne séparée de Dieu par « nos fautes et nos péchés », la vie n'a ni sens ni espérance. *2. C'est une vie basée sur les « voies de ce monde ».* Ceux dont la vie est dictée par les valeurs et la morale de la culture environnante, faisant fi des voies de Dieu, vivent dans la mort. *3. La vie vécue selon les voies de ce monde est, par nature, sous le contrôle du dieu de ce monde, le « prince de la puissance de l'air ».* La vie vécue en parfait désaccord avec la parole et la volonté de Dieu est sous la domination de Satan. *4. Cette existence séparée de Dieu est aussi décrite comme vivant pour satisfaire les appétits et les impulsions d'une nature humaine dépravée.* C'est une vie vécue en opposition avec la volonté de Dieu, incapable de se soumettre à sa loi et se complaisant à la fois dans l'imagination et l'acte d'une manière qui retarde le plan de Dieu pour nous. *5. Une telle dépravation humaine est inévitablement sous la colère de Dieu.* Cette colère ne se justifie pas par le fait qu'Il se réjouit de la destruction et de la mort du méchant, mais parce qu'Il hait tout ce qui détruit sa création, l'humanité faite à son image.

Cependant, Dieu est amour et c'est son amour qui dicte sa réponse à l'humanité déchue, brisée et spirituellement morte. La seule réponse possible au problème de l'humanité est la grâce et la miséricorde de Dieu. Nous étions incapables de changer ou de nous transformer car nous étions désespérément et irrémédiablement esclaves du péché. Le thème central de ce chapitre est le miracle de la conversion. Paul cherche à décrire avec joie la réalité de ce que Dieu a fait pour nous en Christ, ainsi que la grandeur et la puissance de sa résurrection. Nous qui étions « morts par nos fautes et nos péchés », qui étions à juste titre « enfants de colère », sommes ressuscités en Christ ! Nous devenons participants de sa résurrection. Tout découle de l'initiative de Dieu. C'est par grâce. C'est la vie offerte et non recherchée, reçue et non méritée.

Exercez votre foi

Le don du salut que Christ offre est par grâce ; nous ne pouvons pas le gagner et nous ne le méritons pas. Avez-vous ignoré le don de Christ ? Avez-vous ignoré la voix de Dieu dans votre vie ? En cette période de Pâques, prenez le temps de permettre au Christ ressuscité de reprendre sa véritable place dans votre vie ou réaffirmez-Lui votre engagement.

Le fruit de l'Esprit, c'est l'amour

LECTURE BIBLIQUE : GALATES 5.22-23 ; 1 CORINTHIENS 13
PAROLE DE VIE : GALATES 5.22-23

Examinez votre vie

Demandez à des volontaires de réciter quelques versets qu'ils connaissent sur « l'amour ». Que signifie le mot « amour » pour vous ? Est-il vraiment possible d'aimer tout le monde ? Comment savez-vous que vous aimez quelqu'un ou quelque chose ? Comment pouvons-nous aimer comme Christ ? Pouvons-nous réellement aimer d'une manière inconditionnelle comme Christ ? De nos jours, le concept populaire de l'amour a été très souvent vidé de son sens pour traduire un état émotionnel qui peut changer d'un moment à l'autre. Cependant, ce que Dieu entend par amour, l'amour parfait de Christ, est bien plus fort que cela.

Explorez la Parole

En ce Dimanche de Pâques, nous commençons notre Campagne de Croissance de l'École du Dimanche allant jusqu'à la Pentecôte. Cette année, l'accent sera mis sur le Fruit de l'Esprit (Galates 5.22-23). L'amour est le premier fruit mentionné parce qu'il est impossible d'en cultiver d'autres sans lui. L'amour est le fondement du fruit de l'Esprit et du christianisme (exemple : Jean 3.16). Le développement du fruit de l'Esprit dans nos vies est le résultat de l'effusion de l'Esprit. Nous sommes, en ce moment, à l'époque de la Pentecôte, qui commémore la venue du Saint-Esprit. Les divers fruits de l'Esprit sont la preuve de sa présence dans nos vies. Le Corps de Christ ne peut être uni que s'il est basé sur l'amour. Quand le Saint Esprit vient remplir nos vies, alors nos cœurs seront remplis de l'amour véritable, divin et universel.

En 1 Corinthiens 13, le chapitre de l'amour, nous découvrons que sans l'amour, nous ne sommes qu'une « cymbale retentissante » ou « cela ne me sert de rien » (versets 1-3). Nous avons aussi les caractéristiques qui définissent l'amour : la patience, la gentillesse, l'humilité, la maîtrise de soi, etc. Et toutes ces caractéristiques sont aussi celles de Dieu. Il n'est pas égoïste, Il ne cherche pas son intérêt. Il est dans la nature de Dieu de donner. Dieu prend plaisir à déverser son amour sur nous et Il veut bel et bien le faire. Pourquoi ? Parce que Dieu ne garde rien pour Lui. Par amour, Il a donné son Fils unique. Chaque fruit est un attribut de Christ qu'on nous recommande et encourage à développer constamment dans nos propres vies. Ce n'est cependant pas un commandement nouveau. Les chrétiens ont toujours été encouragés à ressembler à Christ et à être son reflet et celui de son amour.

L'un des plus grands besoins de l'humanité est de donner et de recevoir de l'amour. Le péché a volé l'amour au monde et Jésus a remis ce don au monde en menant une vie qui fut l'essence même de l'amour. Seul l'amour de Dieu peut venir à bout de notre égoïsme. Jésus disait : « Je vous donne un nouveau commandement : Aimez-vous les uns les autres, comme je vous ai aimés, vous aussi, aimez – vous les uns les autres. À ceci tous connaîtront que vous êtes mes disciples, si vous avez de l'amour les uns pour les autres » (Jean 13.34-35). L'amour est un signe qui prouve qu'on est un enfant de Dieu, un disciple de Christ. Si nous n'aimons pas, toutes nos paroles sur Dieu ne sont rien que du bruit.

Exercez votre foi

Il y a deux grandes prières pour l'amour qui transformera la vie de tout croyant qui les dira. Premièrement : « Seigneur, apprend-moi que Tu m'aimes ». Deuxièmement : « Seigneur, je te prie d'aimer le monde à travers moi ». Il est facile d'aimer nos amis, mais l'amour pour nos ennemis et pour les étrangers vient de Dieu. Nous pouvons penser avoir prié et prié encore pour avoir l'amour de Dieu, mais il ne s'est jamais manifesté. Si tel est votre cas, demandez-vous : « Me suis-je entièrement donné à Dieu pour laisser son Amour me remplir ? » Rappelez-vous : l'amour n'est pas juste un sentiment. C'est une décision, une attitude et un acte.

Le fruit de l'Esprit, c'est la joie

LECTURE BIBLIQUE : GALATES 5.22-23 ; JEAN 15.9-11
PAROLE DE VIE : JEAN 15.11

Examinez votre vie

La joie et le bonheur sont-ils identiques ? Avez-vous déjà ressenti de la joie quand il n'y avait qu'un peu ou pas de bonheur dans votre vie ? Découvrez-vous dans votre vie des choses qui « ravissent » votre joie et votre bonheur ? Quand ressentez-vous le plus de joie ou de bonheur dans votre vie ? Possédez-vous la joie dont Paul parle ou trouvez-vous que votre marche chrétienne ne vous inspire aucune joie ?

Explorez la Parole

Chacun des « fruits de l'Esprit » est en réalité un attribut de la vie de Christ. Les fruits que l'Esprit développe dans notre vie ont été mis en pratique dans celle de Jésus Christ. Il est le seul sur qui nous devons prendre exemple. Bien qu'il y ait neuf « fruits » cités, on les considère cependant comme « un » (le fruit de l'Esprit c'est …). Sans l'un, les autres sont incomplets. Sans amour, vous n'aurez ni la joie, ni aucun autre fruit. Le fruit et l'Esprit vont ensemble. Quand l'Esprit est bien « planté » dans nos cœurs et dans nos vies, alors le grain de chaque fruit est aussi planté à son tour. Cependant, nous devons veiller à arroser les grains, à enlever les mauvaises herbes (les soucis et les problèmes de ce monde) et à permettre au fruit de mûrir au soleil de son amour et de sa présence.

En Jean 15, Jésus demande à ses disciples d'être membres de son Corps comme les sarments font partie intégrante de la vigne. Faire partie de lui et collaborer avec Lui, c'est partager l'amour et la joie profonde qui ne peuvent être trouvés que dans une soumission totale à Lui. Jésus dit à ses disciples : « Je vous ai dit ces choses (sur la vigne, les sarments et l'amour) afin que votre joie soit complète » (15.11). En demeurant dans son amour (15.9-10), nous découvrons sa joie complète. Avec la joie de Jésus comme modèle, nous voyons que le fruit spirituel de la joie ne dépend pas des émotions. Au contraire, il s'agit d'un bonheur intérieur, constant, qui vient de la connaissance du salut de Dieu dans une complète délivrance du péché. Cette délivrance ne vient que lorsque nous sommes allés avec Christ à l'ombre de la croix, que nous avons dit des paroles de soumission totale et que nous nous sommes entièrement consacré à la volonté du Père. Si nous connaissons le pardon du péché, alors nous connaissons la joie. Si nous reconnaissons que la main de Dieu est à l'œuvre dans notre vie, ayant cloué nos péchés sur la croix, alors nous expérimenterons la joie.

Il est difficile de trouver le bonheur ici-bas car notre vie est souvent bouleversée par de nombreuses tragédies. Que nous sommes reconnaissants de savoir que notre joie véritable ne se trouve pas dans les choses terrestres ! La clé de la joie parfaite est de nous trouver en Jésus Christ. Être au centre de la volonté de Dieu et être absorbé dans la ressemblance avec Christ, est un processus qui demande une véritable participation du croyant. En Jean 15, Jésus recommande à ses disciples de demeurer en lui car c'est l'unique moyen pour eux de pouvoir porter du fruit. Si nous ne demeurons pas en lui, nous serons pris et jetés dans le feu et nous brûlerons (15.6). Être en Christ requiert plus que d'aller à l'église une ou deux fois par semaine ; il faut tisser une relation, parler, marcher et être en communion avec lui quotidiennement.

Exercez votre foi

On dit que les chrétiens sont les gens qui ont la plus triste apparence du monde. Notre culte est sérieux, nos visages aussi et notre vie ne reflète nullement la joie qu'on dit faire partie intégrante de la vie chrétienne. Cette semaine, décidez de chercher Christ et de demeurer en lui afin que sa joie soit complète en vous. Rappelez-vous que les fruits de l'Esprit ne peuvent être pratiqués séparément, mais doivent être combinés pour produire une vie remplie de l'Esprit.

Le fruit de l'Esprit, c'est la paix

LECTURE BIBLIQUE : GALATES 5.22-23 ; HÉBREUX 12.14-15
PAROLE DE VIE : ROMAINS 8.6

Examinez votre vie

Votre vie semble-t-elle être dominée par la confusion ? L'atmosphère qui règne dans votre maison est-elle faite de perturbations et de querelles constantes ? Avez-vous déjà souhaité aller seul dans un lieu de paix et de quiétude ? Votre pays connaît-il des troubles politiques qui affectent votre vie ? En ces périodes d'agitation, il est difficile de comprendre cette paix réelle et durable dont il est question dans l'épître aux Galates. Paul parle de la paix comme l'un des fruits de l'Esprit, mais il ne fait pas allusion à la paix politique ou sociale. Il parle d'une paix intérieure qui ne vient que de Dieu.

Explorez la Parole

Le mot paix renvoie souvent à des images de tranquillité, peut-être bien un endroit isolé comme le sommet d'une montagne ou un grand espace en plein air où il n'y a âme qui vive à des kilomètres. Peut-être que votre propre vie reflète le contraire même de cette paix. Si vous avez des enfants en bas-âge, il se peut que votre maison ne soit calme que lorsqu'ils sont endormis. Bizarrement, il y a peu de termes ou d'expressions utilisés plus fréquemment dans la Bible que le mot *paix*. Cela semble étrange puisque nous vivons dans un monde de conflits et il y en avait sans doute beaucoup à l'époque de la Bible. Tant que le péché sera sur terre, la paix « entre » les hommes sera impossible. La lutte entre le bien et le mal est inévitable, mais même dans les conflits externes, le Sauveur peut restaurer la paix entre les hommes comme une réalité intérieure.

Nous pensons très souvent que la paix est l'absence de conflits. Si nous appliquons cette théorie à la vie de Jésus, il est évident qu'elle fut jalonnée de conflits : avec sa famille, ses amis, ses disciples et ses ennemis. Les adversaires de Jésus Le maudissaient, mais malgré les combats, Jésus n'a jamais perdu sa sérénité, son calme ou son sang-froid. Il n'a jamais été gêné par les attaques ou les questions de ses ennemis. Il se déplaçait avec une assurance imperturbable. Comment était-ce possible ? L'assurance de l'approbation de son père était la seule chose dont Jésus avait besoin. Il savourait la tranquillité d'une vie d'intégrité sans faille. Tout ceci était possible, non parce que Jésus n'avait pas de passion, mais simplement parce qu'Il s'était totalement abandonné au Père. Tous ses désirs, ses ambitions et ses projets étaient soumis à la volonté de Dieu. Il n'y avait aucune rébellion secrète pouvant le mettre en désaccord avec celle-ci. Nous aurons sûrement un esprit instable si nous sommes plus concernés par l'acceptation de nos semblables que par l'approbation divine ou si nous avons des « désirs » que nous essayons de satisfaire illégalement.

Hébreux 12.14-15 nous encourage à être en paix avec tous et à vivre une vie de sainteté. La sainteté, pierre angulaire de l'Église du Nazaréen, est un don total de soi à Dieu et à sa volonté pour votre vie. C'est la volonté de lui abandonner votre vie et de Le laisser prendre le contrôle total de toute situation. D'après l'épître aux Hébreux, cette vie de sainteté procure la paix. Le verset 15 affirme que nous ne devons pas nous priver de la grâce de Dieu. Si une racine d'amertume pousse, alors nous n'aurons que discorde ; la paix et la sainteté seront absentes de nos vies. Nous obtenons la paix quand nous centrons notre être intérieur sur la volonté et les desseins de Dieu.

Exercez votre foi

Soumettre sa vie entièrement à Dieu est le seul moyen d'obtenir la paix. Est-ce par le même procédé que l'on obtient aussi l'amour et la joie dans la vie ? Oui. C'est le même principe. Se donner entièrement à Christ, vivre en suivant son exemple est le moyen de développer le fruit de l'Esprit et de mener une vie qui porte du fruit, une vie qui sera le reflet de l'image de notre Père Céleste. Êtes-vous prêt ?

Le fruit de l'Esprit, c'est la patience

LECTURE BIBLIQUE : GALATES 5.22-23 ; ECCLESIASTE 7.8-9
PAROLE DE VIE : PROVERBES 19.11

Examinez votre vie

Vous considérez-vous comme quelqu'un de patient ? Cela vous dérange-t-il de faire la queue ? En conduisant, vous mettez-vous souvent en colère contre les autres conducteurs ? Vous arrive-t-il de vous énerver sur votre femme ou vos enfants ? Les gens vous considèrent-t-ils comme quelqu'un qui a « mauvais caractère » ? Vous arrive-t-il d'être impatient avec Dieu ? Exigez-vous de Dieu qu'Il Se révèle ou qu'Il vous montre sa bonne volonté dans l'immédiat ? Pour la plupart d'entre nous, la patience n'est pas une de nos grandes vertus mais elle est un attribut de Christ, un fruit de l'Esprit que nous devons développer.

Explorez la Parole

Dans l'Ancien Testament, nous notons bien que la patience est un trait de caractère que Dieu utilise en plusieurs occasions quand Il s'adresse à son peuple. Lire Ecclésiastes 7.8.9. Dans ces versets, nous constatons que la patience est aussi une qualité de l'homme sage qui doit se comporter envers son prochain en conséquence. Nous savons aussi qu'il est stupide de se mettre en colère, de s'énerver contre quelqu'un ; en plus, cela donne une mauvaise image de nous. L'attitude pécheresse de l'homme est une violation de la sainteté de Dieu et pourtant, Il retient patiemment sa colère. Faisant partie de la race humaine, nous devrions faire preuve de patience envers les autres.

Comme nous l'avons constaté, l'amour est la source d'où germent les autres fruits. La patience en est aussi une manifestation. Une mère qui aime son enfant est sans aucun doute plus encline à la patience envers lui qu'un inconnu. De même, l'amour divin donne à l'homme la faculté d'être patient avec tous et même avec ceux qui s'opposent à lui et le persécutent. Ce fruit donne un nouveau sens à la réponse de Jésus à la question de Pierre : « Seigneur, combien de fois devons-nous pardonner ? » Jésus répondit que l'amour va au-delà du léga-lisme des pharisiens et ne connaît pas de limite à son désir de pardon-ner. La patience n'est pas une vertu centrée sur soi-même mais plutôt « axée sur les autres ». Elle ne s'occupe pas d'elle-même, mais est la preuve de l'amour parfait de Dieu, conçu pour le bien- être des autres. Nous sommes patients avec ceux qui nous entourent parce que nous les aimons de la manière que Dieu les aime.

Aucun de ces fruits ou attitudes ne sont possibles sans la grâce de Dieu. La patience humaine disparaît très vite et se transforme en une réponse charnelle. Seul l'Esprit de Dieu peut calmer l'esprit de l'homme et mettre fin aux tumultes. Il n'est pas facile d'être patients avec ceux qui usent et abusent de nous. Voilà pourquoi nous ne de-vons pas chercher cette qualité en nous-mêmes mais plutôt en Dieu. Il est impossible d'être réellement patient si nous nous confions à nos propres forces. C'est seulement par la grâce fortifiante et l'amour de Dieu que ce fruit peut grandir dans nos vies. Le premier pas est de désirer ce fruit mais, nous devons aller au-delà et implorer la grâce et la puissance divines pour le développer en nous, tout en le mettant en pratique dans nos vies.

Exercez votre foi

Évaluez votre degré de patience. Qu'est-ce qui vous pousse à perdre patience ? Réfléchissez sur ce qui met votre patience à rude épreuve et priez Dieu de vous aider à avoir une attitude plus sainte dans votre vie. Rappelez-vous que la patience, comme les autres fruits de l'Esprit, grandit avec la pratique (pratiquez la patience, plus particulièrement quand vous êtes tenté d'être impatient et vous deviendrez réellement une personne plus patiente). Priez : « Seigneur, que Ta présence en moi me guide à être patient avec ceux qui abusent de moi, sont contre moi ou mettent ma foi et ma patience à l'épreuve.

Le fruit de l'Esprit, c'est la bonté

LECTURE BIBLIQUE : GALATES 5.22-23 ; EPHÉSIENS 4.29-32
PAROLE DE VIE : EPHÉSIENS 4.32

Examinez votre vie

Il arrive de voir des frères et sœurs se battre en se disant des insanités. Bien entendu, ils le font souvent à l'insu des parents, pensant qu'ils ne seront pas pris et punis de leur comportement. Avez-vous une fois dit ou fait quelque chose à votre épouse, à un ami, à un membre de la famille, à un collègue pensant que personne ne vous a vu ou entendu et que vous « ne serez pas pris » sur le fait ? Comment vous êtes-vous senti après cet acte ? Aviez-vous la conscience tranquille ou vous sentiez-vous coupable ? D'après vous, comment se sentaient-t-ils ?

Explorez la Parole

« Soyez bons les uns envers les autres » (1 Thessaloniciens 5.15). La Bible nous recommande d'être bons avec ceux qui nous entourent, mais nous pouvons être aimables (polis) sans être bons (miséricordieux ou humains). Si nous voulons connaître la véritable bonté , nous devons prendre exemple sur Jésus, notre ultime modèle de fruit de l'Esprit. Jésus a manifesté sa bonté en ne tenant pas compte de ce que disaient les gens ; Il alla trouver les lépreux, s'agenouilla à côté d'eux pour guérir leurs plaies. Il montra sa bonté en laissant les petits enfants venir à Lui. La bonté sincère et véritable, sans une once d'égoïsme, est rare de nos jours. Très souvent, les gens agissent dans leur propre intérêt et rarement par pure bonté.

En Éphésiens 4.29-32, Paul exhorte l'église d'Éphèse à chercher à s'édifier mutuellement selon leurs besoins. En tant que chrétiens, nous devons être différents du reste du monde. La bonté n'est pas seulement un fruit de l'Esprit, mais aussi un commandement de Christ. Éphésiens 4.32 dit : « Soyez bons les uns envers les autres, compatissants, vous pardonnant réciproquement comme Dieu vous a pardonné en Christ. » Nous devons aussi avoir de la bonté pour faire preuve de réelle compassion les uns envers les autres. Cultiver la bonté nous encouragera aussi à envisager de pardonner à ceux qui nous ont fait du tort, à ceux qui nous ont traités injustement et à ceux qui ne « méritent » pas notre bonté. Cela se réalise quand l'amour (qui nourrit) devient le fondement même de notre vie chrétienne. Quand nous aimons les gens d'un amour sincère c'est-à-dire en étant bons sans aucun égoïsme, cela implique une effusion naturelle de cet amour. Chaque fruit consolide l'autre. L'amour procure la joie. La joie apporte la paix. La paix mène à la patience dès l'instant que la frustration cède la place à la joie intérieure. Et au fur et à mesure que la patience grandit en nous, nous devenons bons avec les autres.

Paul parle aussi de ces choses malsaines dont nous devons-nous « débarrasser » pour cultiver en nous le fruit de l'Esprit. Il dit : « Que toute amertume, toute animosité, toute colère, et toute espèce de méchanceté, disparaissent du milieu de vous » (4.31). Chacune d'elles est directement liée à notre communication avec les autres ainsi qu'à notre relation avec eux. Paul nous encourage à parler avec bonté et à pardonner dans l'amour, ce qui ôtera l'amertume et la colère de nos vies.

Exercez votre foi

Le peuple de Dieu est bon avec les autres qu'ils le méritent ou pas. La miséricorde, c'est donner quelque chose de bon, qui n'est pas mérité et n'attendre aucune récompense en retour. De quelle manière la bonté est-elle testée dans notre vie quotidienne ? Comment pouvez-vous cultiver le fruit de la bonté dans la vie de tous les jours ? Cette semaine, laissez l'amour du Christ remplir votre vie afin que vous puissiez manifester la joie, la paix, la patience et accomplir au moins un acte de pure bonté et de miséricorde chaque jour.

Le fruit de l'Esprit, c'est la bienveillance et la douceur

LECTURE BIBLIQUE : GALATES 5.22-23
PAROLE DE VIE : EPHÉSIENS 4.1-3, 5.8-10

Examinez votre vie

Pendant votre enfance, vous demandait-on d'être « gentil » quand vous rendiez visite à quelqu'un ou quand vous jouiez avec d'autres enfants ? Exigez-vous la même chose de vos enfants ? Avez-vous une fois dit : « cet homme est gentil » ou « cette femme est gentille » ? Qu'est-ce que cela signifie pour une personne d'être « gentille » ? La douceur est-elle une caractéristique des femmes et non des hommes ? Comment décririez-vous une personne « douce » ? Que signifie être doux et bienveillant ? Ces fruits pourraient être considérés comme les plus faciles à développer, mais nous verrons que sans une attention toute particulière, aucun de ces fruits ne grandira dans nos vies.

Explorez la Parole

À travers notre étude sur le fruit de l'Esprit, nous avons constaté que chacun d'eux est un attribut de Christ. Les cultiver dans nos vies signifie suivre et vivre à l'exemple de Christ, mais cela commence aussi par l'amour. En Éphésiens 4 et 5, Paul exhorte les croyants à être « en toute humilité et douceur » (4.2) et à « se supporter les uns les autres dans l'amour ». L'amour est le fondement des fruits de l'Esprit.

La douceur est une qualité qui fait défaut dans notre monde. Nous voyons la cruauté autour de nous, dans nos gouvernements, les crimes et dans la manière dont les gens et même les familles se traitent. Être doux signifie répondre calmement aux autres même quand ils vous traitent avec dédain, c'est un combat pour la paix au milieu d'un conflit personnel. La douceur, c'est suivre l'exemple de Christ quand Il s'adressa aux pécheurs, quand Il fit face aux accusations et même quand Il fut condamné à mort.

En Éphésiens 5, Paul encourage l'église à vivre dans la lumière de Christ, qui est aussi bonté, justice et vérité (verset 9). Nous ne pouvons demeurer dans la lumière si notre vie n'est pas entièrement remplie de Christ. Être bienveillant, c'est posséder la qualité de faire les choses appropriées pour les bons motifs, se comporter d'une manière acceptable aux yeux de Dieu. Les Écritures attestent clairement que personne ne fait le bien et qu'il ne peut exister en dehors de la grâce divine. La bienveillance en tant qu'expression de l'amour est une vertu particulièrement attractive. Jésus n'appréciait pas la « bienveillance » dont faisaient étalage les Pharisiens, parce qu'ils accomplissaient de bonnes actions par hypocrisie, pour être vus et honorés des autres, mais non par amour.

Il se peut que certaines personnes considèrent la douceur comme une faiblesse, mais c'est l'une des caractéristiques extraordinaires de Christ. Il a toujours approché les hommes avec douceur, traitant sa création avec la plus grande attention et le plus grand intérêt. La douceur ajoute de la beauté à notre témoignage chrétien. De même, le concept de la bonté est très commun pour nous. L'inconvénient avec le terme « bon » est qu'il est utilisé à outrance de nos jours (bon repos, bon livre, etc...). Il est important de noter que la bonté par essence appartient à Dieu seul. La bonté de Jésus et de ceux qui sont remplis de l'Esprit est merveilleuse. La bonté spirituelle naît lorsque nous nous conformons aux qualités que nous reconnaissons comme étant celles de Christ.

Exercez votre foi

Ce sera bientôt le Dimanche de Pentecôte où nous célébrerons l'effusion du Saint-Esprit. Avez-vous besoin d'une nouvelle ou fraîche effusion du Saint-Esprit dans votre vie pour vous aider à développer les fruits de l'Esprit ? Avez-vous négligé des aspects de votre marche chrétienne : peut-être la douceur et la bonté ? Traitez-vous toujours vos amis et votre famille avec douceur et bonté ? Cette semaine, demandez à Dieu son aide, spécialement pour pratiquer le fruit de l'Esprit dans votre vie quotidienne.

Le fruit de l'Esprit, c'est la fidélité

LECTURE BIBLIQUE : GALATES 5.22-23 ; 1 PIERRE 5.8-9
PAROLE DE VIE : JOSUÉ 24.14

Examinez votre vie

Si vous deviez demander à quelqu'un d'accomplir un travail très important, en connaissez-vous un qui soit digne de confiance, qui ne vous laissera jamais tomber ? Connaissez-vous des gens à qui vous ne demanderiez aucun service, tout simplement parce que vous ne pouvez ni compter sur eux ni dépendre d'eux ? Êtes-vous un homme de parole sur qui on peut compter ? Quelles qualités vous viennent à l'esprit en répondant à ce genre de questions ?

Explorez la Parole

La fidélité est la qualité d'être digne de confiance, sérieux, loyal, honnête. Elle ne réside pas en votre grande foi en Dieu, bien que celle-ci soit une importante pierre angulaire de la fidélité. C'est plutôt jusqu'à quel point les gens et Dieu peuvent compter sur *vous*. Encore une fois, Jésus est notre modèle parfait en matière de fidélité. Il est venu sur terre dans une forme humaine pour accomplir la mission que le Père lui avait confiée. Il n'a jamais oublié ni négligé l'importance de sa mission. Tout ce qu'Il disait ou faisait était guidé par l'obéissance à cette mission. Dieu pouvait parfaitement compter sur Jésus pour accomplir fidèlement sa volonté.

La fidélité n'est pas une vertu spectaculaire. Elle attire habituellement peu de reconnaissance. C'est plutôt une vertu qui se manifeste après une longue période et dans des situations moins spectaculaires. Nous pourrions avoir peu de peine à faire face aux épreuves quand nous recevons la reconnaissance et la confirmation des autres. Cependant, la vraie fidélité se trouve dans la détermination et la persévérance au milieu de cette routine mondaine et quotidienne et elle est souvent ignorée par les autres jusqu'à ce qu' « une erreur » se produise. La fidélité discrète a tendance à être « ignorée » et celui qui est fidèle ne reçoit aucune attention, pendant que ceux sur qui se focalise toute attention et qui sont considérés comme jouissant d'un « brillant succès » pour avoir été fidèle dans l'épreuve sont objet de louanges.

En 1 Pierre 5.8-9, Pierre encourage les croyants à demeurer ferme dans leur foi, reconnaissant que nous sommes testés presque chaque jour. Être fidèle signifie rester ferme particulièrement dans les épreuves. Pierre savait ce que signifiait être infidèle à Jésus, faillir sous la pression et Le renier comme il l'avait fait la nuit de son arrestation. Bien que Jésus lui ait pardonné et transformé par le Saint-Esprit, Pierre a pu comprendre toutes les tentations d'être infidèle dans certaines circonstances. Il encourage les croyants à rester fermes, à ne pas capituler sous la pression et à ne pas renier Christ par nos paroles, nos attitudes ou nos actes. La fidélité, c'est la main tendue de Dieu dans notre vie. Nous lui sommes fidèles, nous avons foi *en* lui et cela peut se voir à travers notre manière quotidienne de vivre. Le fruit de notre vie est évident pour ceux qui nous entourent.

La fidélité est le fruit de l'Esprit, ce qui veut dire que nous ne pouvons pas simplement décider d'être fidèles. Comme tous les autres fruits, la fidélité est un processus de croissance spirituelle. L'œuvre de l'Esprit est de nous éloigner de l'égoïsme de sorte que nous puissions nous conduire conformément à notre relation avec Dieu. L'Esprit nous façonne et fait de nous des gens sur qui Dieu peut compter.

Exercez votre foi

Existe-t-il des domaines dans votre vie où Dieu peut réellement compter sur vous ? Y a-t-il d'autres domaines dans notre marche chrétienne où on ne saurait vous faire confiance ? Cette semaine, quand vous passerez votre temps seul avec Dieu, demandez-lui d'accroître votre fidélité pour que vous la pratiquiez dans votre vie. Coopérez avec l'Esprit qui vous transformera en une personne sur qui Dieu pourra compter.

Le fruit de l'Esprit, c'est la maîtrise de soi

LECTURE BIBLIQUE : GALATES 5.22-23 ; 2 PIERRE 1.5-9
PAROLE DE VIE : GALATES 5.25

Examinez votre vie

Vous est-il déjà arrivé de dire des choses pour les regretter par la suite ? Comment luttez-vous contre certains péchés sexuels ? (Exemples : l'adultère, la pornographie, les rapports sexuels hors mariage) Avez-vous des problèmes liés au commérage, à l'orgueil ? Avez-vous déjà pensé : « Il m'est impossible de contrôler tel aspect de ma vie » ? Aujourd'hui, nous parlerons du fruit spirituel de la maîtrise de soi.

Explorez la Parole

La maîtrise de soi est un concept qui n'est pas souvent mentionné dans les Écritures, mais qui est une qualité que Dieu recommande à ses disciples de pratiquer. Une des caractéristiques uniques à l'être humain est d'avoir une nature rationnelle. Quand bien même nous partageons certains appétits sexuels avec les animaux, nous avons une capacité supplémentaire à les contrôler par notre intelligence et notre raison. Les êtres humains ont été créés à l'image de Dieu. Une personne qui ne vit pas dans une véritable relation avec son créateur vit en deçà des attentes pour lesquelles il avait été créé, tandis que celle qui est en véritable harmonie avec Dieu vit parfaitement son humanité.

En 2 Pierre 1.6, nous constatons que la maîtrise de soi est l'une des vertus qui découlent de la foi et est transmise par la connaissance. Pierre nous dit que la foi est le fondement de la vie chrétienne. Le croyant s'active alors à construire sa vie sur la foi en conformant ses attitudes et ses actes à ceux de Jésus-Christ. Pierre nous assure que « ...si ces choses sont en vous et y sont avec abondance, elles ne vous laisseront point oisifs ni stériles pour la connaissance de notre Seigneur Jésus Christ « (2 Pierre 1.8). À partir de la liste de Paul aux Galates 5.22-23, nous avons appris que toute vertu intégrante est liée à l'amour et que toutes les autres proviennent de cette « simple » vertu.

La maîtrise de soi n'est pas le primordial, mais elle est une expression de deux vertus chrétiennes fondamentales : la foi et l'amour.

Paul compare souvent la vie chrétienne à celle d'un athlète qui s'entraîne intensément avec discipline et rigueur. De même, la maîtrise de soi est une partie de notre entraînement, en tant que chrétiens, qui nous donne une discipline émotionnelle et physique sur les éléments qui peuvent nous affecter. De même qu'un bel athlète évitera d'user d'aliments malsains et de certaines habitudes (sucreries, paresse, alcool, tabac, etc....), le chrétien aussi devra s'éloigner de tout ce qui pourrait affecter sa performance spirituelle. Paul oppose la maîtrise de soi à certaines pratiques de la chair telles que l'immoralité sexuelle, l'impureté et la débauche (Galates 5.19). La maîtrise de soi est opposée à ces pratiques de la chair puisqu'elles recherchent l'autosatisfaction. Au lieu de donner libre cours à son moi ou à son orgueil, la personne remplie de l'Esprit les met sous l'autorité de Dieu pour lui permettre de contrôler tous les comportements contraires à l'amour. Nous constatons que la sainteté est la libération du péché (quand le péché est considéré comme de l'égoïsme).

Exercez votre foi

Invitez chacune des personnes à réfléchir sur les tentations contre lesquelles elles luttent le plus. Pour chaque lutte ou tentation que nous rencontrons, nous avons le choix. Nous pouvons choisir de suivre notre tentation ou faire preuve de maîtrise de soi et s'en éloigner. Dieu nous a donné le libre-arbitre de sorte que nous puissions à tout moment nous détourner de lui et choisir le péché mais, il nous a aussi fortifié par la maîtrise de soi pour que nous soyons capables de résister à la tentation. Prenez le temps de discuter des moyens par lesquels tout individu peut consolider sa maîtrise de soi. Disposez la classe en groupe de deux pour prier les uns pour les autres aujourd'hui et les semaines à venir, de sorte que chacun puisse exercer, par la puissance du Saint-Esprit, « les muscles de sa maîtrise de soi » contre la tentation.

« Où êtes-vous ? »

LECTURE BIBLIQUE : GENÈSE 3.6-9
PAROLE DE VIE : GENÈSE 3.9

Examinez votre vie

Demandez à deux volontaires de raconter une expérience pendant laquelle ils se sont égarés en allant dans un nouvel endroit. Que faites-vous quand vous êtes égaré ? Vous arrêtez-vous pour demander de l'aide ou essayez-vous de retrouver votre chemin tout seul ? Combien de temps allez-vous errer avant de demander de l'aide ? Il y a trois (3) choses que nous devons savoir pour nous retrouver : Où sommes-nous présentement ? Où voulons-nous aller ? Et comment nous y rendre ? C'est aussi vrai dans le domaine spirituel. L'histoire d'Adam et Ève nous montre comment Dieu veut aider ses enfants égarés à retrouver le chemin de la maison.

Explorez la Parole

Après avoir mangé du fruit défendu, Adam et Ève se cachèrent loin de la face de Dieu. L'Éternel savait qu'ils avaient péché et connaissait l'endroit où ils se cachaient, toutefois, Il les appela : « Où êtes-vous ? » Ils ne s'étaient jamais éloignés de Dieu auparavant et ils eurent très peur, mais Dieu ne les abandonna pas et ne les laissa pas errer ou s'inquiéter de sa réaction. Ils essayèrent d'échapper à la responsabilité de leur péché et se mirent à s'accuser mutuellement alors Dieu les mit face aux conséquences de leur désobéissance. Il réagit toujours de la même manière face au péché.

Quand nous regardons autour de nous, la question ci-après revient souvent : « Pourquoi ne pouvons-nous pas nous entendre ? » D'après, la Bible, le problème fondamental est notre relation brisée avec Dieu. Nous cherchons souvent les réponses à nos problèmes au fond de nous-mêmes. Nous ne faisons tout simplement pas confiance à Dieu. L'histoire d'Adam et Ève illustre parfaitement ce problème. Ils ne se sont pas empressés d'aller vers Dieu pour être pardonnés après avoir péché, mais ils se sont caché. Nous n'avons pas toujours confiance en Dieu, le Souverain Seigneur, Celui qui a créé le monde et qui a déterminé ce qui est bien et ce qui est mal. Nous pensons que nous connaissons mieux que lui ce dont nous avons besoin et ce qui est bien pour nous. Nous pouvons nous identifier à Ève sous plusieurs aspects, car elle a vu que le fruit défendu était bon et elle a décidé de faire confiance à son propre jugement plutôt qu'à celui de Dieu. Où êtes-vous ? Vous confiez-vous au jugement de Dieu ou au votre ?

Dieu n'ignore pas le péché et ne le cache pas non plus. Il s'en occupe toujours. Le péché d'Adam et Ève a eu pour conséquence la mort, éventuellement physique, mais aussi une séparation immédiate d'avec Dieu. Après leur péché, rien ne fut comme avant et nous héritons encore de la gravité de leur décision. Mais, même en prononçant son juste jugement sur Adam et Ève, Dieu donne l'espoir sur ce qui viendrait dans le futur. Il ne veut pas notre chute quand nous sommes face au péché. Il veut que nous soyons vainqueurs du péché et de la mort et a envoyé son fils Jésus pour le réaliser. Nous avons tous péché et avons été séparés de Dieu ; toutefois, il n'y a de péché, aussi ignoble soit-il, que Dieu ne puisse pardonner. Nous pouvons vivre une vie victorieuse si nous nous détournons du péché pour recevoir le pardon de Dieu et sa puissance.

Exercez votre foi

Où êtes-vous ? Avez-vous honte et vous cachez-vous de Dieu ? Le faîtes-vous parce que vous vous sentez coupables ? Dieu a-t-Il essayé de vous chercher et vous ne voulez pas qu'Il vous trouve ? L'histoire d'Adam et Ève est notre propre histoire. Dieu peut faire pour nous ce qu'Il a fait pour eux. Dans sa compassion et sa miséricorde, Il peut nous aider à faire honnêtement face à nous-même et à savoir où nous sommes. Allez-vous vous abandonner à lui ? Jésus veut restaurer notre relation avec lui afin que nous ne nous cachions plus de Lui. Il veut restaurer notre relation afin que nous puissions être en communion avec Lui.

Au-delà du culte occasionnel

LECTURE BIBLIQUE : GENÈSE 4.1-16
PAROLE DE VIE : HÉBREUX 11.4

Examinez votre vie

Venez-vous à l'église pour donner ou pour recevoir ? Combien de fois les gens vont-ils à l'église et font uniquement ce que celui qui se tient debout devant eux leur demande de faire ? Avez-vous remarqué des membres de la congrégation qui sont anxieux, ennuyés ou irrités ? Avez-vous déjà participé à un culte en ayant l'esprit tellement occupé que vous avez été incapable de vous souvenir des chants, des passages bibliques et même du sermon ? Dieu veut que nous l'adorions en actes d'amour et de dévotion en ayant une attitude de foi et de soumission. Nous devons être sincères dans notre adoration en permettant à Dieu d'agir réellement dans notre vie et de nous transformer là où nous sommes.

Explorez la Parole

Louer (à travers les chants, des témoignages, etc....) et présenter des offrandes d'actions de grâce sont les deux formes d'adoration publiques les plus courantes. L'histoire de Caïn et Abel illustre parfaitement ces deux formes d'adoration. Ève parla de son amour pour Dieu parce qu'Il lui avait donné un fils. C'est le cœur d'une adoration sincère : reconnaître Dieu pour ce qu'Il est dans nos vies. Caïn et Abel exprimèrent leur adoration de Dieu en lui présentant des offrandes. Tous deux offrirent le fruit de leur labeur. La reconnaissance publique de la bonté de Dieu est un élément essentiel de l'adoration. Certaines personnes pensent qu'il n'est pas nécessaire de s'associer à d'autres croyants et préfèrent adorer seuls. Bien que notre dévotion personnelle soit importante, la Bible nous encourage à nous réunir en tant que croyants pour notre responsabilité et pour une plus grande croissance spirituelle en tant que membre du Corps de Christ.

L'adoration est plus qu'un acte, elle est attitude. Elles expriment toutes deux notre dévotion à Dieu. Caïn n'avait pas compris cela. Il était venu par formalité ou rituel de l'adoration mais son attitude n'avait pas été correcte. Nous n'avons pas besoin d'aller trop loin pour nous rendre compte que son cœur n'est pas dans les bonnes dispositions pour honorer Dieu. Nous voyons que les Écritures affirment que Caïn avait apporté « une offrande des fruits de la terre ». Il n'était dit nulle part que c'étaient les premiers fruits ou qu'ils provenaient de récoltes précieusement sélectionnées. Par contre, l'offrande d'Abel fut ce qu'il avait de meilleur dans son travail. Il présenta « les premiers-nés de son troupeau et de leur graisse » (verset 4). Le message d'Abel avait pour but de montrer qu'il n'y avait rien de plus important pour lui que Dieu. Caïn montra qu'il avait des priorités autres que Dieu. De même, nous ne présentons pas toujours à Dieu le meilleur de nous-même quand nous venons à l'église ; nous souhaitons être ailleurs ou suivons tout en pensant à quelque chose d'autre.

Ce qui est regrettable dans l'histoire de Caïn, c'est qu'il a continué dans la voie du péché, bien qu'il eût le choix. Il se disputa même avec Dieu : « Suis-je le gardien de mon frère ? » quand Dieu lui demanda où était Abel (verset 9). La vie de Caïn reflète l'image de ceux qui n'adorent pas Dieu avec leur cœur. Ces gens deviennent des errants sans repos « habitant dans la terre de Nod » (la terre des erreuments). Quand nous nous présentons devant Dieu humblement pour l'adorer, nous nous rappelons qui est notre Créateur. Nous apprenons à mieux nous comporter avec Dieu et avec les autres et à vivre selon les principes de la Parole de Dieu. L'adoration nous garde véritablement en harmonie avec la Parole de Dieu.

Exercez votre foi

Quelle est votre attitude envers Dieu ? Comment la vie d'une personne qui adore Dieu « en esprit et en vérité « diffère-t-elle de celle de « celui qui suit le mouvement de masse ». Nous devons constamment nous rappeler que l'adoration n'est pas un rituel mais plutôt une attitude.

Personne ne le fait !

LECTURE BIBLIQUE : GENÈSE 6.5-22
PAROLE DE VIE : HÉBREUX 11.7

Examinez votre vie

Quelle importance accordez-vous au fait que les gens vous prennent pour quelqu'un qui ait « réussi' » ? Adoptez-vous un certain comportement et achetez-vous des choses rien que pour *paraître* autrement aux yeux des autres ? Y a-t-il des situations dans lesquelles votre style de vie chrétienne vous singularise et vous fait paraître « bizarre » dans votre communauté ? Cela vous dérange-t-il ? De quels moyens usonsnous pour essayer de nous assurer que personne ne nous considère comme « bizarre » ? Aujourd'hui nous, allons examiner la vie de Noé, un homme que les gens de son époque considéraient comme « bizarre », mais que Dieu continua à utiliser.

Explorez la Parole

Nous vivons dans un monde englouti par le péché. À l'époque de Noé, la terre entière était corrompue et envahie par la violence (verset 5.11). Dieu vit la méchanceté au temps de Noé et fut très affligé. De même, Il la voit dans le monde d'aujourd'hui et ne l'ignorera pas. Dieu reconnut que la méchanceté de l'humanité était le résultat de la corruption et du mauvais cœur de l'homme (verset 5). Un cœur corrompu perd toute sensibilité aux pensées et aux motivations pures et même à la vraie peine et à la douleur. Voilà la condition de l'humanité déchue.

L'ampleur de la prolifération du péché et de la corruption dans le monde a peiné Dieu (verset 6). La création qui avait été une source de joie est devenue source de souffrance. Que s'est-il passé ? Comment le péché de l'homme peut-il causer tant de chagrin à Dieu ? La Bible nous dit qu'il est un Dieu vivant et personnel entrant dans une relation intime avec sa création. Il connaît l'influence destructrice du péché sur sa création. Le péché peut être agréable pour un laps de temps pour les humains, mais chagrine Dieu. son chagrin est semblable à celui des parents quand leur enfant fait un mauvais choix et mène une vie de débauche. Dieu n'a pas permis que le péché et la corruption continuent sur terre. sa décision d'y apporter son jugement était ferme mais pas impulsive. Ceci est une preuve de l'attitude sans aucun compromis de Dieu face au péché. Ce dernier l'attriste, mais Il réagit fermement contre lui. Cependant, Dieu ne juge pas le méchant et le juste de la même manière. Il agit favorablement pour sauver le croyant et Noé est le symbole de cette espérance.

Dieu étend sa faveur sur tous ceux qui lui restent fidèles. Au milieu des épreuves , des tentations et des pressions en vue de se conformer aux exigences culturelles, nous avons besoin de comprendre la grâce et la foi que Dieu nous accorde. La faveur de Dieu émane de sa grâce et celle-ci nous donne la possibilité de surmonter la tentation. sa grâce nous soutient. Noé a trouvé grâce auprès de Dieu parce qu'il était juste et sans compromis. Il a su garder une attitude juste. Tout ceci n'est plus monnaie courante aujourd'hui. Nous entendons souvent dire que nous devons satisfaire nos désirs, faire quelque chose par nous-même. Comme nous venons de le voir, le péché a des conséquences néfastes et la droiture a des avantages.

Exercez votre foi

Noé fut récompensé pour sa fidélité à Christ. Nous pouvons aussi choisir d'être fidèle ou de poursuivre notre propre égoïsme. Suivez-vous Dieu ou vous-même ? Nous ne pouvons-nous sauver nous-même. Seul Christ et sa mort sur la croix peuvent nous sauver. Nous avons deux possibilités : soit suivre le courant de la vie en disant que nous sommes maître de notre destin, soit donner notre vie à Dieu et lui permettre de la diriger selon sa volonté et suivre ses desseins tout comme Noé. Laquelle choisirez-vous ?

Dieu continue d'appeler

LECTURE BIBLIQUE : GENÈSE 12.1, 4 ; 17.1-8
PAROLE DE VIE : HÉBREUX 1.1-2

Examinez votre vie

Avez-vous été obligée de vous déplacer d'une ville à une autre de façon imprévue ? Dieu vous a-t-il déjà appelé à faire quelque chose que vous ne vouliez tout simplement pas faire ? N'avez-vous jamais fui son appel ou vu un proche ignorer ou éviter l'appel de Dieu ? Qui que nous soyons et où que nous soyons, Dieu nous appelle. Il a appelé Abraham, un inconnu et vieil homme à son service, pour accomplir la grande tâche de devenir le père d'une grande nation.

Explorez la Parole

Dieu a appelé Abraham sans l'avertir ni lui donner les raisons de cet appel. C'est par un ordre que Dieu s'adressa à Abraham . Quand Dieu s'adresse à nous, il commence toujours par un ordre. Cet appel à l'obéissance établit les qualités des relations futures avec Christ. L'ordre de Dieu à Abraham l'obligea à prendre une décision difficile et pénible. L'ordre n'était pas seulement de quitter sa maison et son pays mais aussi la sécurité et le confort familial. Ce commandement obligea Abraham à voyager vers le grand inconnu où Dieu le conduisit. Cependant, l'appel de Dieu à Abraham était accompagné d'une promesse et d'une bénédiction. La stérilité de Sarah serait remplacée par la vie et la création d'une grande nation. Abraham répondit à l'appel de Dieu avec obéissance.

Vous est-il arrivé de vous demander si Dieu accomplirait ses promesses pour vous ? Abraham s'était posé les mêmes questions et à juste raison. Il croyait en la promesse de Dieu, mais avait 75 ans et sa femme était assez vieille pour pouvoir procréer. Quand Dieu nous fait des promesses, il garantit rarement de donner une réponse immédiate. Attendre patiemment, démontre la volonté de permettre à Dieu de donner libre cours à son action selon son plan. Même après 24 ans de promesses non tenues, l'ordre de Dieu à Abraham était de marcher devant le Seigneur et d'être irréprochable. Cela voulait dire qu'Abraham devrait quitter son pays en laissant derrière lui les influences et les attractions du culte traditionnel des idoles ce qui l'éloignait de beaucoup de gens. En choisissant de vivre pour Dieu, il n'y avait plus de place pour l'égoïsme, l'orgueil ou les divisions. Abraham devait plutôt développer une relation dans laquelle il aurait entièrement confiance en Dieu et en sa parole.

Dieu fit une alliance avec Abraham et une alliance n'est pas une promesse accidentelle. Quand Dieu établit une alliance avec quelqu'un, elle est « sincère et solide » (verset 5). L'alliance de Dieu avec Abraham était aussi éternelle (verset 7). Le gage était qu'Il serait le Dieu d'Abraham et de ses descendants. Ils seront son peuple et lui sera leur Dieu, avec tout ce que cela signifie et implique.

Exercez votre foi

Le Dieu qui a appelé Abraham continue d'appeler à lui à travers l'évangile de Jésus– Christ. L'appel est destiné à tous. Il n'y a rien que nous puissions faire avant cet appel. Entendre l'appel et y obéir requièrent la volonté de Le suivre. La récompense promise, c'est la vie dont parlent les Écritures, définie comme une relation avec Dieu et que nous pouvons posséder en abondance (Jean 10.10). Que pouvons-nous faire pour croire davantage au « timing » (emploi du temps) parfait de Dieu ? Avons-nous besoin d'apprendre la joie ou le contentement de sorte que nous puissions expérimenter la vie pleinement ? Nous devons tirer des leçons de la patience d'Abraham et de son habilité à attendre que le Seigneur accomplisse sa promesse. Attendre n'est pas toujours facile, comme Abraham l'a appris, mais c'est le meilleur moyen.

Voir Dieu par la fenêtre de l'échec

LECTURE BIBLIQUE : GENÈSE 12.10-20
PAROLE DE VIE : PSAUME 37.3

Examinez votre vie

Pensez à un moment de votre vie où vos plans ont échoué. Peut-être étiez-vous en train de planifier un mariage, une célébration, un nouveau boulot ou tout autre événement assez spécial. Brusquement, vous vous rendez compte qu'aucun des projets n'a abouti et vous vous demandez pourquoi . N'avez-vous jamais essayé de savoir si cet échec n'était pas la volonté de Dieu. Abraham peut s'identifier à ces propos. ses plans échouèrent et lui aussi, se demandant ce qui lui était arrivé.

Explorez la Parole

Abram (appelé plus tard Abraham) fut un grand homme de foi et un modèle de droiture. Quand Dieu dit « Va », Abraham partit, apparemment sans poser de questions. Cependant, les choses commencèrent à prendre une mauvaise tournure. Une famine sévit dans la contrée où Dieu l'avait appelé et son appel ne paraissait pas agréable. En plus, Sarah était toujours stérile. Comment était-il possible qu'une grande nation puisse venir d'Abraham alors qu'il n'avait pas d'enfant et que Saraï paraissait incapable d'en avoir ? Comme les années passaient et que la promesse ne s'accomplissait pas, Abram devint inquiet.

Pour échapper à la famine, Abram devait se déplacer afin que sa famille puisse trouver de quoi vivre. Sans commentaire ni critique, la Bible dit qu'Abram alla en Égypte. Il fit ce que le Seigneur attendait de son peuple en cas d'urgence quand il ne recevait pas d'instructions précises : user du meilleur jugement. La décision qu'Abram avait prise et qui lui avait causé des ennuis n'était pas d'aller en Égypte, mais plutôt, celle de l'auto préservation et de l'intérêt personnel. Abram demanda à Sarah de faire partie d'un complot pour duper le pharaon d'Égypte parce qu'il n'avait pas réellement foi en Dieu. Il se souciait de ce que pharaon ferait de lui à cause de sa femme. Au début, leur mensonge semblait résoudre leur problème, mais la fin fut dramatique.

Pharaon pris Saraï dans sa maison et paya généreusement Abram à cause de sa « sœur ». Tout juste après que Saraï fut introduite dans le palais, celui-ci fut frappé de maladies et Pharaon sut que c'était à cause d'elle. Il piqua une grande colère et jeta Saraï et Abram hors d'Égypte. Même si Abram ait quitté l'Égypte avec une grande fortune, Dieu ne l'avait pas destiné à pareille déception. Le Seigneur non plus ne permit pas que cette déception se prolonge et Il protégea son alliance et travailla avec le peuple imparfait qu'Il s'était choisi.

Même si « Saraï était stérile, elle n'avait pas d'enfants » (Genèse 11.30), elle était la femme de celui à qui Dieu avait dit : « Je ferai de toi une grande nation » (12.2). Quand Dieu décida de fonder une nation, Il choisit des personnes qui ne pouvaient avoir d'enfants. Il choisit le couple sans enfant, le couple incapable de procréer parce qu'ils étaient impuissants et ne pouvaient accomplir la mission sans Lui. De même, nous sommes impuissants et incapables de faire ce que Dieu nous demande de faire. Quand nous essayons de faire les choses par notre propre pouvoir, nous échouons. Quand nous nous appuyons sur Dieu, nous accomplissons de grandes choses.

Exercez votre foi

Permettez-vous que l'anxiété détermine votre vie spirituelle ? Quand les affaires vont bien, adorez-vous plus le Seigneur ? Et quand les choses vont mal, avez-vous l'intention de déserter, de disparaître ? Voyez-vous les temps d'anxiété comme un temps où il faut laisser Dieu travailler et vous conduire à lui ? Bien qu'il y ait des moments d'inquiétude dans nos vies, nous devrions utiliser les échecs de notre vie pour apprendre des leçons de Dieu et lui permettre de travailler dans nos vies. Ce n'est pas chose facile, mais c'est nécessaire.

La vue du haut de l'autel

LECTURE BIBLIQUE : GENÈSE 22.1-8
PAROLE DE VIE : HÉBREUX 11.17-19

Examinez votre vie

Vous rappelez-vous certains moments de votre vie où vous deviez accomplir des tâches qui nécessitaient beaucoup de courage ? Dieu vous a-t-il déjà demandé d'accomplir une tâche qui était au-dessus de vos possibilités ? Quels genres de questions avez-vous posées ? Avez-vous décidé d'obéir à Dieu ou alors avez-vous essayé d'esquiver ce qu'Il vous demandait de faire ? Pourquoi pensez-vous que Dieu nous demande de faire des choses que nous estimons impossible ?

Explorez la Parole

Dieu demanda à Abraham de prendre son *unique fils* évidemment en excluant Ismaël et de le sacrifier. Il lui dit : « Va-t'en dans le pays de Morija et là, offre le en holocauste » (22.3). Ces paroles lui brisèrent sans doute le cœur mais Abraham obéit immédiatement à Dieu. Avait-il posé des questions à un Dieu qui semblait ne jamais revenir sur sa décision ? D'abord Isaac était le fruit de sa promesse, alors comment ce même Dieu pouvait-il le réclamer en sacrifice et par un rituel sanglant opéré par son père ? Avec la disparition d'Isaac, non seulement Abraham perdrait « son unique fils », mais aussi la promesse faite n'aurait plus de sens. Pourtant, les Écritures disent : « Abraham se leva de bon matin, sella son âne » (verset 3). Comment des épreuves spirituelles peuvent-elles être bénéfiques pour nous, comme l'a été l'épreuve émotionnelle d'Abraham ?

Pendant des jours, Isaac et Abraham voyagèrent et finalement Isaac demanda à son père : « mais où est l'agneau pour l'holocauste ? » Il ne pouvait imaginer après tout que son père allait l'immoler. Il avait entièrement confiance en lui. Bien qu'il ne comprit pas tout à fait ce qu'il faisait ou pourquoi Dieu lui demandait un tel geste ; il le fit tout de même, dans l'espoir que Dieu pourvoirait. Même quand ils sont arrivés à la montagne, Abraham dit avec confiance à ses serviteurs : « Vous restez ici avec l'âne ; le jeune homme et moi nous irons là-haut pour adorer, puis nous reviendrons auprès de vous. » (verset 5). Même si nous ne comprenons pas les raisons de la demande de Dieu à Abraham, Il n'est pas obligé de nous donner des explications. Cette histoire montre aussi que Dieu est plein d'amour et d'attention. Il permet et encourage les hommes à choisir en toute liberté et à Le suivre ou à Le rejeter. Ceux qui ont vécu des moments pénibles pourraient difficilement comprendre l'amour de Dieu en de pareilles circonstances. Cependant, l'histoire d'Abraham et d'Isaac révèle un Dieu qui à la fois teste et pourvoit. De la même manière que Dieu avait demandé à Abraham de sacrifier Isaac, Il a aussi sacrifié son unique fils pour une bande de pécheurs.

Nous-nous rendons compte qu'Abraham apprit une leçon très importante au fil des années. Il commença par une déception (le cas de Sarah et du pharaon) puis essaya « d'aider Dieu » en ayant un fils avec une femme autre que la sienne. Cependant, bien qu'il ne comprit pas ou ne connut pas le plan de Dieu, il mit sa confiance en Lui. Il n'a pas pris un animal pour le sacrifier, « au cas où Dieu changerait d'avis ». Il a une confiance totale en Dieu et en sa fidélité. Puisque Abraham obéit totalement, Dieu intervint. Ce Dieu qui nous teste, pourvoit aussi et tient sa parole.

Exercez votre foi

Quelle question aimeriez-vous poser à Dieu concernant cette histoire ? Comment comprenez-vous la toute puissance de Dieu et son amour compatissant ? Pensez-vous qu'ils soient en conflit l'un l'autre ? Nous négligeons souvent l'amour de Dieu et Le voyons comme un dirigeant sans cœur. Nous ne pouvons pas toujours comprendre ses voies, cependant, nous avons besoin de savoir qu'Il répond toujours.

La puissance du choix

LECTURE BIBLIQUE : GENÈSE 25.19-23 ; 27.5-17 ; 41
PAROLE DE VIE : HÉBREUX 11.20

Examinez votre vie

Nous avons tous des choix dans la vie. Certains sont faciles à faire alors que d'autres sont difficiles. Pensez aux choix les plus difficiles que vous ayez fait et aux plus faciles. Comparez-les. Les histoires que nous avons examinées ces dernières semaines sont des exemples du bon et du mauvais. Nous avons vu certains grands leaders de l'église échouer lamentablement, néanmoins Dieu les a utilisés. Dieu a-t-Il aussi utilisé votre échec pour une bonne cause ?

Explorez la Parole

La promesse de Dieu semblait s'être accomplie. Isaac était né, le commencement de la grande nation d'Abraham et à présent Isaac avait épousé une jeune femme soigneusement choisie ! Tout semblait aller à merveille, sauf que Rébecca, comme sa belle-mère, paraissait incapable d'avoir des enfants. Pourquoi pensez-vous que Dieu voudrait répéter la même leçon à la génération suivante ? Dieu voulait-Il donner un enseignement à travers leur incapacité d'avoir des enfants ? Dieu voulait-Il que tous les peuples entendent ces histoires et reconnaissent que l'alliance promise était toujours entre ses mains ? Cependant, il y avait autre chose dans l'histoire des jumeaux d'Isaac et de Rébecca : Jacob et Ésaü. Dieu remet en question la culture, la tradition et l'histoire en déclarant que le plus jeune frère dirigerait l'aîné et que la nation de l'Éternel serait issue du plus jeune.

Dans beaucoup de familles aujourd'hui, on peut voir des conflits semblables à celui d'Isaac et de Rébecca. Les parents commencèrent à dresser les deux frères, l'un contre l'autre, en complotant chacun en faveur de son préféré, pour l'aider à obtenir ce qu'il convoitait. Jacob, comme son grand-père avant lui, était un trompeur, aussi décida-t-il avec l'aide de Rébecca, de monter son propre plan pour voir la prophétie s'accomplir.

Tout en reconnaissant l'influence des parents sur les deux enfants, (Rébecca aidant Jacob à duper et Ésaü devenant chasseur pour satisfaire le goût prononcé de son père pour la viande), nous ne devons pas blâmer trop vite les parents pour ce qui s'est passé. Tout comme nous, Jacob et Ésaü étaient libres de choisir. Leurs possibilités étaient limitées par le favoritisme des parents, les passions humaines, l'avidité personnelle et la supercherie. Elles l'étaient aussi par le choix de l'Éternel de s'ériger contre les coutumes de l'époque. Ils n'étaient donc pas des marionnettes. Ils étaient libres de choisir. Même s'ils étaient façonnés par une variété de forces, chacun décida de la direction à prendre. Aujourd'hui encore, nous regardons souvent notre situation puis blâmons notre famille, nos finances ou notre entourage. Bien que ces facteurs extérieurs puissent avoir un effet sur nous, nous ne devrions pas leur permettre de nous guider en tant que chrétiens. Alors que nous ne serons pas toujours libres de faire les choix que nous voulons à cause de notre famille, notre condition sociale, notre pays etc., nous pouvons vivre pour Jésus et bâtir des foyers chrétiens en dépit de ces circonstances.

Exercez votre foi

Avez-vous honnêtement permis à Dieu de vous utiliser en dépit de vos échecs ? Avez-vous tendance à utiliser votre famille, vos finances ou votre position sociale comme excuse pour n'avoir pas été le disciple efficace que Dieu veut que vous soyez ? Y a-t-il quelque chose dans votre passé qui vous empêche de servir Dieu pleinement ? Y a-t-il un péché non confessé, une excuse commode, une erreur récente ou un mobile égoïste qui empêche Dieu de vous utiliser pleinement en ce moment ? Rappelons-nous que nous avons le choix et devons confier tout cela à Dieu dans la prière, afin de devenir des enfants de Dieu efficaces et utiles pour son royaume.

Un commencement invraisemblable

LECTURE BIBLIQUE : EXODE 1.6-14, 22 ; 2.1-6, 10
PAROLE DE VIE : LAMENTATIONS 3.22-23

Examinez votre vie

Lorsque vous lisez votre Bible, consacrez-vous plus de temps à l'Ancien ou au Nouveau Testament ? Vous est-il parfois difficile de relever la pertinence ou le but de certains passages des Écritures par rapport à votre vie ? Avez-vous tendance à mettre l'accent sur certains passages de la Bible que vous trouvez plus faciles à comprendre ou plus intéressants ? Il est important pour des chrétiens grandissant de continuer d'apprendre en tenant compte de tous les livres de la Bible afin d'augmenter leur compréhension et maturité spirituelles. Toute histoire et enseignement chrétien a besoin d'être compris dans le contexte général de la Bible.

Explorez la Parole

Presque cinquante ans se sont écoulés depuis la mort de Joseph en Genèse 50.26 et les événements du premier chapitre de l'Exode. En ces temps là, les descendants d'Abraham virent le plan de Dieu se manifester dans leur vie. La promesse de Dieu à Abraham était importante aux yeux du peuple de Dieu. Les Israélites virent que Dieu était en train de les bénir comme Il l'avait promis à Abraham, puisqu'ils grandissaient en nombre et en richesse. Il semblait aussi que la main protectrice de Dieu fut sur eux, parce que les premiers moments de leur vie en Égypte étaient merveilleux et ils jouissaient de la faveur du peuple Égyptien. Malheureusement, comme le mentionne les Écritures : « Un nouveau roi vint à régner sur l'Égypte, lequel n'avait pas connu Joseph » (Exode 1.8). Le nouveau pharaon insensible au passé, soumit les Israélites à l'esclavage.

Il est dit en Exode 1.22 : « Alors le Pharaon donna cet ordre à tout son peuple : vous jetterez dans le Nil tout garçon qui naîtra, mais vous laisserez vivre toutes les filles. » Les Israélites commencèrent à crier vers l'Éternel afin qu'Il ne les oublie pas. Alors naquit un enfant mâle dans la famille de la tribu de Lévi. Cet événement serait passé inaperçu s'il n'y avait pas le décret terrifiant de pharaon. Ce petit garçon fut caché et vraisemblablement adopté par la fille de pharaon. Elle l'appela Moïse, ce qui signifie, « sauvé des eaux » car elle l'avait tiré du fleuve. Il fut élevé dans le palais de pharaon et reçut une éducation de roi. Pendant que le Nil se substituait en cimetière pour une génération d'enfants hébreux, il devint le lieu de naissance de l'homme qui, plus tard, dirigerait la nation d'Israël.

Au moment où le peuple de Dieu était dans une grande oppression, l'Éternel savait où il se trouvait. Il ne les perdit jamais de vue. Pendant 400 ans, le peuple de Dieu vécu en terre d'Égypte où il fut protégé et devint prospère. N'eut été la fidélité et la protection bienveillante de Dieu sur son peuple, l'histoire de l'Exode n'aurait jamais eu lieu. Il utilisa la sage-femme qui avait délivré Moïse et avait refusé de le tuer, une mère courageuse, une sœur brave et même la fille de « l'ennemi ». Ce passage montre que Dieu contrôlait toute la situation même si par moments, cela ne semblait guère évident. Le plan de Dieu se réalisait à travers des hommes et des femmes, mais Dieu ne dépend pas d'eux pour développer les voies et moyens pour accomplir sa volonté. Dieu va honorer sa parole à sa façon et en son temps.

Exercez votre foi

Avez-vous déjà été dans des situations où il semblerait que Dieu ait oublié que vous existiez ? Avez-vous déjà eu l'impression que Dieu n'était pas impliqué dans votre vie et ne se souciait pas de vos problèmes ? Malgré les apparences, Dieu tient ses promesses mais toujours en son temps et non au nôtre. Nous devons être fidèles, patients et vigilants.

Un guide invraisemblable

LECTURE BIBLIQUE : EXODE 3.1-15
PAROLE DE VIE : ACTES 7.33-34

Examinez votre vie

Vous a-t-on déjà demandé de faire un travail pour lequel vous n'aviez pas les qualifications requises ? Avez-vous échoué lorsque vous avez fait ce travail ou y êtes-vous arrivé sans problème ? Dieu vous a-t-Il déjà demandé de faire quelque chose qui était au-dessus de vos « qualifications » ? Avez-vous cherché des excuses ? Très souvent, Dieu prend nos faiblesses et les transforme par sa puissance. Il nous utilise même si nous pensons être la personne la moins indiquée pour faire un travail donné.

Explorez la Parole

Moïse était loin d'Égypte et pendant plus de quarante (40) ans, quand Dieu L'appela. Il menait sa propre vie avec une femme et une famille dans un pays éloigné d'Égypte. Bien qu'il eut choisi de s'identifier au peuple de Dieu, il détruisit sa vie en tuant le contremaître égyptien et s'enfuit. son action violente a fait de lui la personne la plus invraisemblable pour guider le peuple de Dieu. Toute l'importance qu'on lui avait accordée depuis son enfance en Égypte n'avait plus de sens. Toutes les qualifications qu'il avait reçues pour l'œuvre de Dieu avaient été anéanties dans sa jeunesse quand il a commis ce meurtre. Ainsi, l'invitation de Dieu était très inattendue. Moïse donna toutes sortes d'excuses pour expliquer les raisons de son incapacité à accepter ce que Dieu lui demandait. Y a-t-il dans le royaume de Dieu une tâche qu'Il vous a assignée ? La déclinez-vous ?

Dieu appela Moïse à partir du buisson ardent. Le message de Dieu était le suivant : « va maintenant délivrer Israël des mains de Pharaon ». Puisque Moïse se posait des questions au sujet de son choix comme agent de la délivrance, il a certainement dû s'interroger sur le « timing » (emploi du temps) de Dieu. Pourquoi maintenant, après tout ce temps ? Bien que Dieu fut prêt depuis longtemps à racheter son peuple, le serviteur qu'Il avait choisi (Moïse) avait des leçons à apprendre avant de pouvoir jouer son rôle. Dieu révéla aussi son nom à Moïse, ce qu'il n'avait encore jamais fait. Dans la pensée des Hébreux, le nom décrit le caractère de la personne ? Ainsi quand Dieu dit : « Je suis qui Je suis » (Yahvé), Il disait qu'Il est suffisant en tout moment et à tout besoin. De même Dieu S'est révélé à nous en la personne de Jésus-Christ et en la présence permanente du Saint-Esprit.

Moïse entendit l'appel de Dieu et éventuellement répondit par un « oui « . Bien qu'Il soit un candidat inattendu, il accepta finalement de se concentrer sur la mission de Dieu et d'oublier ses imperfections. Moïse, en choisissant de suivre Dieu en Égypte, fit preuve d'une très grande confiance et d'une profonde obéissance. Suivre Dieu fut un énorme acte de foi de la part de Moïse. Pouvez-vous imaginer ce qu'il a dû ressentir en se mettant en route vers son lieu de naissance. Dieu appelle tous ses disciples à faire un acte de foi. Nous avons tous besoin d'apprendre à faire confiance à la volonté de Dieu et au temps qu'Il s'est fixé, même si cela nous semble insensé. Même si nous semblons être des candidats invraisemblables à l'œuvre de Dieu, nous réussirons si nous mettons notre foi en sa puissance et sa providence.

Exercez votre foi

Le Dieu qui a appelé Moïse continue de chercher des personnes de bonne volonté pour aller dans un monde devenu esclave du péché. Dieu ne nous appelle pas tous à devenir pasteurs ou missionnaires, mais Il nous invite à exercer un ministère dans notre monde pour montrer l'amour de Christ et vivre à l'image de Jésus. Écoutez attentivement. Regardez autour de vous. Il a une mission pour vous. L'entendez-vous vous appeler ? Quelle sera votre réponse ? Allez-vous citer toutes vos fautes et manquements où allez-vous répondre à son appel ? Pouvez-vous dire « oui » pour être sa main de paix et d'amour pour le monde perdu ?

Un plan invraisemblable

LECTURE BIBLIQUE : EXODE 14.1-4, 10-14, 19-23, 30-31
PAROLE DE VIE : HÉBREUX 11.8

Examinez votre vie

Avez-vous déjà été dans une situation dans laquelle seul Dieu pouvait vous délivrer ? Combien de temps vous a-t-il fallu pour implorer son aide et son secours ? Vous êtes-vous senti abandonné ? Avez-vous déjà été dans un endroit où vous étiez sûr d'avoir été guidé par Dieu, mais sans avoir compris pourquoi ou pensé que vous aviez mal compris ses directives ? Vous est-il arrivé d'avoir l'impression « d'errer dans le désert », tout comme les enfants d'Israël ?

Explorez la Parole

Dieu a miraculeusement délivré son peuple d'Égypte à travers une série de fléaux, culminant avec la mort de tous les nouveau-nés mâles égyptiens. Notre passage biblique nous montre les Israélites dans une situation pénible juste après cette délivrance remarquable. Les Israélites étaient cernés d'un côté par Pharaon et son armé et de l'autre par la Mer Rouge. Il n'y avait pas d'issue. Les Israélites s'imaginaient probablement que quitter l'Égypte était la phase la plus difficile de leur « exode », mais Dieu savait qu'ils avaient encore beaucoup à apprendre avant d'aller dans le désert. C'était sous la direction de Dieu que les enfants d'Israël s'étaient retrouvés à cet endroit, au bord de la Mer Rouge. Avec une colonne de nuée pendant le jour et une autre de feu la nuit, nul ne pouvait ignorer qu'ils étaient arrivés à l'endroit choisi par Dieu. Chaque fois que les Israélites étaient face à l'adversité, ils étaient toujours étonnés et finissaient par croire que Dieu ou leurs leaders avaient fait une erreur.

Le courage et la foi sont nécessaires pour suivre Dieu. Il agit rarement comme nous l'aurions souhaité. Moïse était en face de l'armée égyptienne et ne savait que faire. Devait-il se rendre ? Dieu les avait-il conduit jusque là pour les laisser mourir ou les faire ramener en Égypte ? Tout ce que Moïse savait était que Dieu lui avait demandé de faire sortir le peuple d'Israël hors d'Égypte. Conséquemment, la colonne de feu et celle de nuée continuaient de confirmer le leadership de Dieu. Quand ils se tinrent sur les bords de la mer, l'Éternel dit à

Moïse : « Toi, lève ton bâton, étends ta main sur la mer et fends-la ; les Israélites entreront au milieu de la mer à (pied) sec » (1.16). Moïse obéit à l'Éternel qui sépara les eaux. La colonne de nuée se dressa entre l'armée égyptienne et les enfants d'Israël et Dieu ôta les obstacles de leur chemin. Ils traversèrent à pied sec et les égyptiens furent engloutis par les eaux (14.26-28). Dieu ne voulait pas que son peuple vive avec les Égyptiens ; Il voulait qu'il soit libre. La délivrance d'Israël des mains des Égyptiens symbolise le plan de Dieu pour libérer toute personne esclave du péché. Ce fut une délivrance entièrement menée par la puissance miraculeuse de Dieu. Moïse, Aaron et les autres grands leaders sont importants parce qu'ils ont exercé leur foi en Dieu à travers leur obéissance. Dieu nous fait avancer en général pas à pas, révélant son plan selon les besoins du moment. Nous devons nous assurer que Dieu ne nous conduira *jamais* là où sa grâce ne peut nous garder. son plan est de nous libérer entièrement de l'esclavage du péché. Voilà son dessein pour chacun de nous aujourd'hui.

Exercez votre foi

Dieu ne nous donne pas un plan détaillé de notre vie et de nos décisions quotidiennes. Nous marchons par la foi (Hébreux 11.8). Dieu conduit son peuple vers l'avant. Il ne veut pas que nous retournions dans la captivité ou l'esclavage du péché . Dieu vous a-t-il délivré de l'esclavage du péché ? Est-il en train de vous conduire quelque part où vous n'avez pas envie d'aller ? Avez-vous des difficultés à entendre les instructions de Dieu ? Qu'est-ce qui changerait dans votre vie si vous étiez persuadé que Dieu ne vous conduira pas là où Il ne vous gardera pas ?

Dieu si près, si loin

LECTURE BIBLIQUE : EXODE 33.12-23
PAROLE DE VIE : CORINTHIENS 13.12

Examinez votre vie

Avez-vous connu un moment de votre vie où Dieu semblait très proche de vous ? Pendant cette période, avez-vous eu envie que cette expérience ne achève jamais ? Avez-vous vécu le contraire, où Dieu paraissait distant et froid et bien que vous l'ayez imploré et sollicité, il n y eut aucune réponse ? Avez-vous eu l'impression qu'Il vous a laissé résoudre vos problèmes tout seul ? Quelles réponses avez-vous obtenu quand vous avez supplié Dieu en ces termes : « Où es-Tu, mon Dieu ?'

Explorez la Parole

En Exode 33.12-13, Moïse interpelle Dieu sur deux domaines : Tout d'abord, il rappelle les propres paroles de Dieu dans sa déclaration : « Je te connais par ton nom, et même tu as obtenu ma faveur. » (verset 12) . Puis il demande à Dieu de se rappeler que « cette nation est ton peuple ». Moïse ne lance pas des paroles arrogantes à la face de l'Éternel. Il s'efforce de comprendre le plan de Dieu. Il ne voulait pas abandonner ou commencer à établir ses propres plans comme il l'avait fait auparavant. Il lutte plutôt avec Dieu, avec une foi qui n'abandonnera point sans avoir combattu. La demande de Moïse est que son cœur soit « en contact » avec la nature même de Dieu afin de continuer à trouver grâce auprès de Lui. Mais à ce moment précis, il ne pouvait simplement pas comprendre ce que Dieu faisait. Le rappel qu'il fit à Dieu en disant « cette nation est ton peuple » était plus précisément la prise de conscience que continuer le voyage sans la présence et la bénédiction de Dieu était dès le départ dénué de sens.

Le rappel de Moïse faisait plaisir à l'Éternel et Il promit que sa présence ou sa face l'accompagnerait. Mieux que cela, Dieu promit le repos. Cette promesse se rapporte vraisemblablement à l'entrée dans la terre d'héritage d'Israël (Deutéronome 3.20). Encore une fois, Moïse laisse parler son cœur. Ni la promesse de l'ange de l'Éternel, ni celle du « repos » de l'installation, aussi merveilleuses fussent-elles, ne pourraient avoir de valeur pour Moïse si la présence de Dieu restait sur la montagne. Seule sa présence avec son peuple pendant leur voyage pouvait confirmer le leadership de Moïse et distinguer Israël des autres nations.

Dans ces moments de courage, Moïse demanda de voir Dieu ou sa gloire, une vision sans protection. Nombres 12.8 dit que l'Éternel s'adressa directement à Moïse, non pas à travers un rêve ou par l'intermédiaire d'un ange. Jusqu'ici, Dieu avait altéré sa forme pour que Moïse puisse Le voir : une colonne de fumée ou de feu, le buisson ardent, etc. Même Moïse ne pouvait pas supporter la vue de la gloire entière de Dieu. Nul n'avait expérimenté autant de grâces que lui, mais même Moïse ne pouvait saisir la gloire (33.23) Moïse apprit que nul ne pouvait voir Dieu et vivre. Dieu a montré clairement que les révélations qui allaient se réaliser étaient des dons de sa grâce. La valeur de Moïse était soutenue par la miséricorde de Dieu. Il avait permis à Moïse de s'abriter dans la fente du rocher et la gloire de Dieu « passa ».

Exercez votre foi

Moïse fut un grand serviteur de Dieu mais Dieu est supérieur à Lui. Nous aussi, nous sommes des serviteurs du Dieu Tout-Puissant. Moïse savait qu'il était « en contact » avec Dieu. Comment pouvons-nous savoir aujourd'hui que nous sommes « en contact » avec Dieu ? Avez-vous un sens quotidien de la bonté et de la splendeur de Dieu ? Dieu est connu à travers ses œuvres et sa parole. On reconnaît aussi ses enfants à leur fidélité à vivre selon ses œuvres et par sa parole. Quelle différence cela pourrait apporter dans notre vie cette semaine ?

Un Dieu saint, un peuple saint

LECTURE BIBLIQUE : LÉVITIQUE 11.44-45 ; 18.1-5
PAROLE DE VIE : HÉBREUX 12.14 ; 20.22-26 ; 22.31-33

Examinez votre vie

L'Église du Nazaréen est une église de la sainteté. Qu'est-ce que cela signifie pour vous ? Qu'est-ce qu'une vie de sainteté pour vous ? Quelles images vous viennent à l'esprit lorsque vous pensez à la sainteté ? L'idée de « sainteté » est-elle une chose que vous appliquez dans votre vie quotidienne ou est-elle uniquement réservée au dimanche et aux activités à l'église ? Vos voisins voient-ils en vous quelqu'un de « saint' ?

Explorez la Parole

Il ne nous est pas possible d'expliquer Dieu par le langage humain, mais il y a quelques termes qu'on peut utiliser pour Le décrire. *Saint* est un concept ou une idée qui signifie « séparé ou mis à part ». En Lévitique 11.44-45, les commandements pour Israël à être saint sont basés sur le caractère de Dieu et sur son action dans l'histoire. L'Éternel demande aux Israélites de se « consacrer » car Lui-même est saint (verset 44). Les Israélites sont appelés à « être saints » parce que l'Éternel les a sorti d'Égypte (verset 45). Ils devaient se mettre à part pour Dieu seul et personne d'autre. Cette « vie de sainteté » n'est bien sûr possible que si Dieu Se révèle gracieusement à Israël et que ce dernier Le suive dans l'obéissance.

À cette époque, Israël était considéré comme une nouvelle nation. Il commençait tout juste à s'établir dans le monde. Il avait été un peuple d'esclaves et avait adopté plusieurs aspects du mode de vie des Égyptiens. En Lévitique 18.1-5 et 20.22-26, Dieu donne aux Israélites des directives à suivre. Il s'agissait de conseils sur la façon dont ils devraient vivre. Le peuple de Dieu devait lui ressembler. Les instructions sont claires : Ne pas vivre comme les Égyptiens et ne pas vivre comme les Cananéens. Identifie ta vie à Dieu seul. Nous ne pouvons être comme Dieu et avoir des comportements et des attitudes qui sont contraires à sa nature. La sainteté de Dieu est supérieure à toute cérémonie d'adoration ou de rituel. sa sainteté est spirituelle et éthique. Tout être fait à son image est appelé à vivre comme Jésus-

Christ a vécu sur terre. Nous avons eu un exemple et le Saint-Esprit pour nous rendre capable et nous fortifier afin de Le suivre.

Dieu rend son peuple saint. C'est ce qu'Il fait avec ceux qui ont une véritable relation avec Lui. Il a tant aimé les Israélites qu'Il a accompli cela malgré tous leurs manquements envers Lui. Il les a tant aimé qu'Il a fait tout ce qu'Il a pu pour Se révéler et les aider à comprendre. Cela signifie-t-il que nous comprenons mieux la sainteté de Dieu par son amour ? Si tel est le cas, alors nous devons montrer à Dieu et aux autres son amour. Notre façon d'aimer Dieu et les autres est son reflet direct et détermine le degré selon lequel les autres Le verront tel qu'Il est vraiment. La séparation de l'Éternel d'avec Israël et sa relation intime avec nous sont résolus en Esaïe 57.15 lorsque Dieu dit : « Je demeure dans les lieux élevés et dans la sainteté, mais aussi avec l'opprimé et celui qui est humilié dans son esprit, afin de ranimer les esprits humiliés, afin de ranimer les cœurs opprimés ». Un cœur opprimé (se présenter tel un serviteur plutôt que de chercher les louanges) est un reflet de la relation de Dieu avec une personne dans le besoin.

Exercez votre foi

La vie de sainteté véhicule autant l'idée de séparation du péché que de séparation pour Dieu. Faites une évaluation de votre vie. Vivez-vous d'une façon qui reflète notre Dieu saint ? Les autres peuvent-ils voir Dieu en vous ? Êtes-vous parfois un reflet de Dieu ? Notre vie doit être un reflet de Christ chaque jour, pas seulement dans sa maison ou quand nous sommes de bonne humeur ou quand tout va bien. Priez les uns pour les autres afin que la vie de Sainteté devienne une réalité dans notre vie quotidienne.

Dieu suscite un nouveau leader

LECTURE BIBLIQUE : JOSUÉ 1.1-11
PAROLE DE VIE : JOSUÉ 1.9

Examinez votre vie

Êtes-vous dans une situation difficile pour laquelle vous ne trouvez pas de réponse ? La situation est-elle si sombre qu'il semble ne pas y avoir de solution en vue ? Vous demandez-vous ce que Dieu va faire à travers une telle situation ou avez-vous l'intention de lui demander « pourquoi » plus souvent que vous ne l'aimeriez ? Êtes-vous confronté à plus de questions que de réponses ? Les enfants d'Israël étaient face à un dilemme semblable et pensaient qu'il n'y avait pas de réponse possible, mais Dieu leur donna la réponse au moment qu'Il s'était fixé.

Explorez la Parole

Josué est un homme doué et instruit. Il avait conduit Israël avec succès dans des combats militaires et avait témoigné pour Dieu, même si la majorité des espions avaient donné une image négative de la terre promise. Malgré toutes ses qualités, Josué a cependant dû se sentir indigne de succéder à Moïse comme nouveau guide d'Israël. Comment pouvait-on remplacer Moïse ? La vérité était qu'aucun être humain, que ce soit Moïse ou Josué, ne pouvait accomplir la mission. La tâche de mener le peuple d'Israël à Canaan était énorme. Les Cananéens étaient organisés, vivant dans des villes fortifiées, tandis que les Israélites étaient un groupe d'anciens esclaves errants et mal équipés. Comme ce fut le cas avec Josué, les plans de Dieu sont souvent au-delà des qualités et des capacités d'un leader. La réussite dans la Parole de Dieu ne dépend pas de grandes qualités, mais plutôt d'un Grand Dieu. Dieu donna à Josué une vision de la tâche ainsi que l'assurance du succès en lui promettant Lui-même d'être son fidèle compagnon.

Les leaders combattent souvent sur plusieurs fronts. Dieu sait que la peur et le découragement sont deux de nos plus grands ennemis. Ainsi, Il avait exhorté Josué trois fois de suite à être fort et courageux. Qu'est-ce qui aurait pu tenter Josué de perdre courage ? Peut-être était-ce la pression de vivre dans l'ombre de Moïse ? Sans doute beaucoup de gens disaient : « Moïse ne l'aurait pas fait de cette manière ».

Que se passerait-il s'ils n'arrivaient pas à s'emparer de la terre promise ? La peur et le découragement sont très réels pour les leaders, qu'ils soient chefs ou parents. Il y'a toujours une pression pour prendre la bonne décision. Dieu dit à Josué que sa Loi sera une ancre pour lui. La loi peut tenir quelqu'un fermement et résister aux orages du leadership. Là se trouvent le courage et la force. La Loi est l'ancre dont un leader a besoin pour combattre la peur et le découragement. Les instructions de Dieu pour la vie sont une source sûre pour être guidé dans chaque décision.

Dieu avait donné à Josué les ressources nécessaires pour diriger Israël. Josué donna un excellent modèle de ce que devrait être un leader. Il avança courageusement et partagea sa vision avec le peuple. Josué commença à travailler avec les officiers d'Israël et leur communiqua la vision et le plan. À la fin de ce chapitre, un soutien total pour Josué et son leadership était évidents. Le peuple disait : « Tout homme qui sera rebelle à ton ordre … sera puni de mort » (1.18) ; Josué avait clairement fait comprendre que Dieu allait leur donner la terre promise. Dieu était le garant de leur réussite. Israël avait besoin de savoir que Josué était un guide qui dépendait de Dieu et non de sa propre force ou sagesse.

Exercez votre foi

Josué n'oublia jamais de donner à Dieu le crédit de la réussite d'Israël. Vivez-vous courageusement en suivant la volonté de Dieu ? Vous arrive-t-il de mener un combat dans votre propre vie et vous sentir seul comme si Dieu était absent de ce combat ? Souvenez-vous des paroles de l'Éternel à l'endroit de Josué d'être fort et courageux. Accrochez-vous à la Parole de Dieu, qu'elle soit votre guide pendant que vous menez des combats dans votre propre vie. N'oubliez pas de louer Dieu pour sa présence et ses provisions dans les orages et les combats de la vie.

Les étapes de la foi

LECTURE BIBLIQUE : JOSUÉ 3.7-17 ; 4.19-24
PAROLE DE VIE : JOSUÉ 4.24

Examinez votre vie

Vous rappelez-vous le jour où vous vous êtes rendu compte que le salut est un don de Jésus Christ ? Vous rappelez-vous le jour où vous avez été sauvé ? Vous rappelez-vous le jour où vous avez été sanctifié ? Vous rappelez-vous les sentiments qui vous ont animé en ces jours là et les leçons que vous en avez tirées ? Dans vos souvenirs, essayez-vous parfois de penser à ces jours et de vous rappeler ce qui s'est réellement passé ? Pensez-vous qu'il est important de se rappeler son passé spirituel ou trouvez-vous cela inutile car appartenant au passé ? Il est cependant important pour nous de nous souvenir d'où nous sommes venus et ce que Dieu a fait pour nous dans le passé.

Explorez la Parole

Dans notre histoire biblique d'aujourd'hui, les Israélites arrivèrent au fleuve Jourdain en crue et la traversèrent à sec. Ce fut un miracle. Une fois arrivés sur l'autre rive, Josué fit un tas de pierres pour leur rappeler cette expérience. Ils comprirent que leur traversée était plus qu'une performance physique. C'était un voyage spirituel. Ces pierres leur rappelleraient les pas significatifs qu'ils ont effectués pendant leur long voyage. Ils étaient en train de franchir des étapes dans leur foi. Josué fit preuve d'une très grande foi en Dieu. Il dit au peuple d'Israël avant de traverser la rivière : « demain, l'Éternel fera des prodiges au milieu de vous « (3.5). Josué s'attendait à ce que de grandes choses se réalisent. Tous les enfants de Dieu ont besoin d'avoir une grande confiance en Dieu pour que ses promesses s'accomplissent.

La traversée du Jourdain fut un moment crucial dans le voyage spirituel d'Israël. Ce fut à la fois le plus grand test de la foi et sa plus grande récompense . Quand Dieu arrêta les eaux, la foi du peuple en Dieu et en Josué devint plus forte, prête à relever le prochain défi. Nous les humains, voulons souvent avoir une preuve tangible de l'existence de Dieu avant d'avoir une confiance totale en Lui. Nous avons besoin de le voir « arrêter les eaux » pour avoir la foi de pouvoir déplacer les montagnes . Si nous ne marchons jamais sur les eaux, nous ne connaîtrons jamais le délice d'une foi confirmée. Nous désire-rons uniquement ce qui pourrait être. La foi commencera à s'éteindre. Et finalement, un jour elle disparaîtra. Comme le dit Jacques 2.26 : « la foi sans les œuvres est morte ».

Le tas de rochers que Josué et son peuple avaient réunis, n'était pas un grand monument. C'était seulement douze pierres entassées et elles étaient toutes petites comparées aux pyramides d'Égypte que leurs pères avaient construites en tant qu'esclaves. Les pierres du Jourdain annonçaient un message d'une importante capitale. Elles déclaraient que le peuple de Dieu avait vécu un moment significatif dans sa marche avec Dieu. Finis les errements d'Israël dans le désert, ils étaient enfin entrés dans la terre promise. Les pierres rappelaient à Israël le Dieu qui avait accompli des miracles pour son peuple. Enfin, le tas de pierres était le monument qui représentait l'importance que Dieu accorde aux hommes. Il accomplit un miracle afin que le peuple puisse avoir confiance en Lui. Il voulait que son peuple et ceux de la terre lui vouent un grand respect et qu'ils Le suivent. Le tas de pierres pouvait ne pas sembler important, mais il était le souvenir d'une étape dans la foi.

Exercez votre foi

Vous souvenez-vous des moments où Dieu avait été fidèle dans votre vie et des moments où Il semblait loin ? Y'a-t-il des moments dans votre vie où vous avez besoin de « construire » un tas de pierres pour vous rappeler la fidélité de Dieu et sa grâce ? En tant que chrétiens, nous ne devons pas vivre dans le passé mais il est bon pour nous de regarder régulièrement la fidélité de Dieu et ses provisions pour nos vies. Dressez une liste des moments où Dieu vous a montré sa fidélité. Louez-le pour ces choses.

Le peuple victorieux de Dieu

LECTURE BIBLIQUE : JOSUÉ 6.1-16, 20
PAROLE DE VIE : 1 CORINTHIENS 15.58

Examinez votre vie

Parfois, la vie du chrétien est peinte comme étant une vie joyeuse, paisible et pleine de joie. Celui qui est chrétien depuis longtemps sait qu'il y'a des bénédictions comme il y'a des combats à mener. Devenir chrétien ne veut pas dire que nos combats sont terminés. Quand vous-êtes devenu chrétien, avez-vous pensé que la vie serait plus facile ? Pensez à votre plus grand combat au début de votre vie chrétienne (peut-être l'est-il encore) ? Pensez-vous vivre une vie victorieuse ou vous sentez-vous souvent comme vaincu par Satan et le monde ? Dieu veut que nous soyons vainqueurs et que nous ayons une vie victorieuse.

Explorez la Parole

À ce jour, les archéologues ne peuvent retrouver les vestiges des murs de Jéricho. Mais pour Josué et les Israélites, les murs de Jéricho étaient un très grand et réel problème. Les Israélite était un peuple errant qui n'était pas équipé pour attaquer une cité aussi puissante que Jéricho. Ils étaient en sous-effectif et submergés. Cependant, pour eux, il était clair que Jéricho devait tomber pour qu'ils puissent entrer dans la terre promise. Le peuple d'Israël venait tout juste de traverser le Jourdain et étaient dans une atmosphère de victoire. Alors ils arrivèrent devant les immenses et insurmontables murs de Jéricho.

Le Général le plus aguerri au monde n'aurait jamais considéré le plan de Dieu pour conquérir Jéricho. C'était une stratégie qui était humainement voué à l'échec. Les plans de Dieu sont souvent ainsi. Ils ne paraissent pas faisables à partir de notre perspective. Pourquoi les plans de Dieu sont-ils ainsi conçus ? Pour Josué, la raison est bien claire. Ce fut pour que les Israélites et les Cananéens sachent que Dieu avait livré Jéricho aux mains d'Israël. Parfois, nous avons besoin d'un plan qui fasse fi de toute contribution humaine. Nous avons besoin d'expérimenter des solutions qui déjouent toute attente et qui ne trouvent aucune autre explication que celle de Dieu. Pour le cas de Jéricho, le miracle avait été sans doute l'espérance d'Israël. Ils n'étaient pas très bien équipés pour combattre une cité si fortifiée, mais nous pouvons nous identifier à Israël. Les murs dans nos vies paraissent insurmontables par moments. Nous ne savons pas comment les conquérir sinon que de nous tourner vers Dieu et lui demander de l'aide. Heureusement, Dieu a toujours un plan conçu pour faire face aux murs de nos vies.

La puissance de Dieu et l'obéissance de son peuple furent les premières forces qui firent écrouler les murs de Jéricho. Le récit biblique nous permet de vivre l'importance de ce moment. Après des jours de marche autour de la ville, soudain vint l'ordre de Josué « Pousse des cris car l'Éternel vous a livré la ville ! » (Verset 16). Le fait de marcher avec obéissance n'a pas provoqué la destruction des murs. Le peuple d'Israël avait assez confiance en son Dieu pour faire ce qu'Il avait dit. Dieu leur demanda de marcher, de souffler, de crier et d'être prêts à combattre, Il s'occupa des murs.

Exercez votre foi

Nous trouvons toujours des murs après « une victoire ». Après une manifestation spirituelle, nous sommes confrontés aux péchés de la vie quotidienne et nous sommes découragés ou abattus. Y'a-t-il des murs dans votre vie qui paraissent indestructibles ? Vous efforcez-vous de grimper ces murs vous-même alors que Dieu veut les détruire à votre place ? Gérez-vous vos propres problèmes en ignorant la volonté de Dieu dans votre vie ? Nous pouvons être vaincus quand nous essayons de combattre nous-même sans nous référer à la volonté de Dieu. Permettez à Dieu de vous donner la victoire en menant une vie exemplaire même quand les évènements sont dénudés de tout sens.

Le peuple reconnaissant de Dieu

LECTURE BIBLIQUE : DEUTÉRONOME 26.1-11
PAROLE DE VIE : PSAUME 136.1

Examinez votre vie

Avez-vous déjà reçu un cadeau et les cinq lettres « merci » paraissent inappropriés pour exprimer ce que vous ressentiez ? Avez-vous déjà observé un enfant recevoir un cadeau et en être très content ? Les enfants n'oublient-ils pas souvent de dire « merci » aux personnes qui leur font des cadeaux ? Avez-vous déjà été tellement heureux d'avoir reçu un cadeau de Dieu que vous avez oublié de lui dire « merci » ? La leçon d'aujourd'hui nous montre comment nous devrions remercier Dieu pour toutes ses bénédictions dans nos vies.

Explorez la Parole

Les personnes reconnaissantes offrent des cadeaux. Donner est une manière de montrer notre reconnaissance. Ce fut la première instruction de Dieu à Israël. Il leur demanda de lui apporter une partie des prémices de leurs récoltes, des premiers fruits de la terre. En le faisant, l'adorateur montre sa reconnaissance à Dieu. Notre gratitude se manifeste à Dieu à travers nos propres dons. Ces dons impliquent plus que le fait de donner de l'argent à l'offrande du Dimanche. Comme les Israélites, nous devons offrir ce dont nous disposons. Nous pouvons apporter à Dieu des choses simples, ordinaires, le fruit de notre labeur, le produit de nos mains qui peuvent être offerts avec une profonde reconnaissance pour tous ses bienfaits. Donner à Dieu les prémices de ce qu'Il nous a donné, c'est lui faire particulièrement honneur. Plutôt que de lui réserver les restes, nous devons lui donner la première part de nos produits. C'est un moyen symbolique de lui exprimer notre gratitude.

Dieu avait demandé à Israël de parler des dons qu'il avait reçus. Dieu avait fait quelques miracles à leur endroit. L'Histoire commença par une confession d'impuissance. Israël était esclave puis erra pendant quarante ans sans aucun secours. Dieu entendit le cri d'Israël et vit tout ce qui lui arrivait. Il réagit et les sortit d'Égypte. Dans bien des cas, nous pouvons raconter des histoires semblables à celle d'Israël. Nous commençons par confesser notre faiblesse et nos errements.

Nous partageons la manière dont Dieu a entendu nos cris de détresse et la manière dont Il nous sauvé du péché. Les détails de l'histoire de chacun seront différents, mais chaque individu a la sienne pour remercier Dieu. Quelles que soient les circonstances, Dieu nous a délivrés et nous nous devons de raconter au monde notre reconnaissance à Dieu.

Comme moyen d'exprimer sa gratitude, Dieu avait demandé à Israël de se réjouir. Se réjouir voulait dire faire la fête. Comme pour les dîmes et les offrandes, les gens se réjouissaient en mangeant leurs offrandes à l'endroit de l'adoration (14.23). Toute la communauté prenait part à ces célébrations, même les étrangers et ils pouvaient expérimenter la bénédiction divine par le biais de ceux qui l'avaient déjà été. Tout le monde avait reconnu que Dieu était la raison de la célébration. Aujourd'hui, il est important pour nous de rappeler que les autres ne pourront connaître la bénédiction de Dieu que si nous la partageons avec eux. Nous ne pouvons pas ignorer ceux qui ont moins de chance que nous et magnifier la bonté de Dieu envers nous. Les instructions de Dieu pour les actions de grâce sont claires : Apportez une offrande, louez sa bonté et célébrez ensemble.

Exercez votre foi

Avez-vous déjà oublié de remercier Dieu pour ses bienfaits dans votre vie ? Donnez-vous à Dieu la meilleure part ou lui réservez-vous les restes quand tout est dépensé, notamment votre argent, votre temps ou même vos talents ? Oublier de donner à Dieu le meilleur de nous-mêmes, les premiers fruits de notre labeur signifie qu'il n'est pas la principale priorité. Prenez le temps d'évaluer les priorités de votre vie. Donnez-vous à Dieu le meilleur que vous possédez en lui rendant grâce pour ses bienfaits et ses bénédictions ? Où se situe Dieu dans vos priorités ?

La bonne nouvelle de la part du Dieu vivant

LECTURE BIBLIQUE : APOCALYPSE 1.1-10, 17-18
PAROLE DE VIE : APOCALYPSE 1.8

Examinez votre vie

Avez-vous déjà été persécuté ? Avez-vous pensé à la manière de vous venger de vos persécuteurs ? Avez-vous déjà prié pour vos persécuteurs ? (non pas prier pour qu'ils soient punis mais *pour* eux) Citez quelques-unes des choses qui vous viennent à l'esprit quand vous pensez au livre d'Apocalypse ? Le considérez-vous comme un livre de jugement ou comme un livre porteur d'espérance ? Le livre d'Apocalypse est en réalité rempli de bonnes nouvelles. Le témoignage de Jean dans ces moments pénibles était encourageant et convaincant pour l'Église persécutée.

Explorez la Parole

Bien que Jean fut exilé à cause de sa foi, il continua à adorer Dieu. Ce fut pendant ses moments d'adoration qu'il reçut l'inspiration pour écrire aux églises qui étaient persécutées elles aussi. Il laisse entrevoir dans ses messages l'expérience de son adoration, en souhaitant grâce et paix aux victimes de la persécution (verset 4). Même si les églises avaient dû se sentir impuissantes face à de telles circonstances, Jean leur rappela le parfait contrôle de Dieu sur toute chose (verset 4b). Il rappelle aussi aux églises que Jésus est digne de nos louanges, tout en glorifiant Dieu dans sa relation avec l'humanité en Jésus Christ (verset 4-8). Jean confirme la promesse que notre Seigneur reviendra dans sa gloire et ceux qui L'aiment trouveront grâce et réconfort auprès de lui ce jour là. Celui qui était au commencement avec Dieu, le Père, restera fidèle jusqu'à la fin.

Avez-vous déjà essayé de participer à une course de voitures tout en regardant vos pieds ou vous souciant de ce qui pourrait bien se passer de l'autre côté de la route ? Tout athlète expérimenté sait qu'il doit faire fi de toute distraction et simplement courir. De même, quand nous louons ou méditons, l'accent n'est plus mis sur nous-même ou sur nos circonstances, mais sur Jésus Christ. Bien que Jean fut seul sur une île, il ne fut jamais séparé de Christ. Christ s'approcha de Jean pendant qu'il l'adorait en ces moments difficiles. Quand Jean vit Christ, il fut envahi par sa sainteté et celui-ci s'approcha et le toucha, nous rappelant encore une fois la tendresse et l'affection sans failles de Jésus.

Jésus parla personnellement à Jean en disant : « Je suis le Premier et le Dernier ... Je suis Le Vivant ; j'étais mort et me voici vivant aux siècles des siècles! Je tiens les clés de la mort et du séjour des morts (verset 17-18). Quand Christ a vaincu la mort par sa résurrection, sa victoire devint aussi la nôtre, nous qui croyons, avons l'assurance que parce qu'Il vit, nous aussi, nous vivrons. Bien que Jean vécut dans un endroit peu favorables et dans des circonstances très difficiles, il continua à louer Dieu et à garder les yeux fixés sur le Roi des rois. Il eut une rencontre si intime avec Jésus qu'il fut complètement bouleversé par sa gloire. Jésus réagit immédiatement avec des paroles réconfortantes et son toucher rassurant. Quand nous sommes véritablement dans un esprit d'adoration comme ce fut le cas de Jean, nous sommes à même de rencontrer Jésus.

Exercez votre foi

Vous arrive-t-il de vous sentir dépassé par les événements autour de vous au point d'oublier Dieu ? Avez-vous besoin d'entrer dans la louange et l'adoration pour mettre vos priorités en ordre ? Dieu vous a-t-Il déjà visité pendant la louange de telle sorte que vous vous rendiez compte qu'il a une mission à vous confier ? Ne vous laissez pas aller jusqu'à ignorer la voix de Dieu. Écoutez attentivement sa voix et son appel pour votre vie en dépit des situations et des circonstances.

Demeurez fidèle dans les moments difficiles

LECTURE BIBLIQUE : APOCALYPSE 2.8-11; 3.7-13
PAROLE DE VIE : APOCALYPSE 3.8

Examinez votre vie

Avez-vous déjà été persécuté parce que vous êtes chrétien ? Peut-être que vous n'avez pas été blessé physiquement, mais avez sans doute été ridiculisé ou tourné en dérision ? Avez-vous déjà ressenti votre détermination à demeurer chrétien disparaître complètement à cause des circonstances ? Avez-vous déjà eu envie d'abandonner ? Êtes-vous entrain de lutter actuellement dans votre vie chrétienne ? Les moments difficiles peuvent nous amener à croire que nous ne progressons pas dans notre vie spirituelle ou que nous n'avons aucun impact sur ceux qui nous entourent.

Explorez la Parole

L'église de Smyrne vivait des moments très difficiles. Elle était persécutée de toute part et certains de ses membres avaient été tués à cause de leur foi. L'église de Philadelphie était confrontée à des problèmes car elle essayait d'être le phare de la lumière de Dieu au milieu d'une société immorale. Jésus Christ s'adresse à toutes les deux églises et leur donne l'assurance de son amour et de sa grâce qui les soutient dans ces moments difficiles. Il assura l'Église de Smyrne qu'il leur apporterait le secours nécessaire, qu'elles que soient leurs préoccupations du moment (2.8). Il exhorte l'église de Philadelphie à garder sa parole malgré leur faiblesse. Jésus Christ les fortifia en affirmant ensuite qu'Il est le Saint, le Véritable (3.7).

Dans chacun des messages adressés aux églises, notre Seigneur déclare qu'Il « connaît leurs œuvres ». La prise de conscience que Dieu connaît tout de nous peut être perturbant par moments, spécialement pour ceux qui se sont détournés de Lui. Pour ceux qui marchent fidèlement dans la lumière, la connaissance parfaite de Dieu est une source de grand réconfort. Ces paroles furent d'un grand réconfort pour les églises de Smyrne et de Philadelphie. Dieu *les* connaissait et Il *connaissait leurs* besoins. Les difficultés de celle de Smyrne provenaient du fait que les chefs de famille avaient été mis en prison et les fidèles vivaient dans la pauvreté parce que leurs biens avaient été saisis ; mais, Jésus leur dit : « Et pourtant tu es riche ! » (2.9). Il parlait bien sûr de leur richesse spirituelle. Alors, il loua Philadelphie car, en dépit de leur accablement, ils ont continué avec Christ et ont gardé leur témoignage vivant au milieu des communautés environnantes. Il dit même aux deux églises : « je connais tes tribulations… » (2.9b ; 3.9). Toutes ces deux églises étaient face à la farouche opposition de la communauté juive.

Le Seigneur a fait une promesse à Smyrne et à nous aujourd'hui : « Ne crains pas… » (2.10a). Il continue en disant : « Je te garderai… » (3.10). Il est évident, même si nous sommes tous très différents, que Dieu dans sa parfaite sagesse, sait ce qui est mieux pour nous. Il collabore avec nous par des voies qui dépassent notre entendement, mais qui sont les meilleures pour nous. Nous devons nous rappeler que Jésus est Celui qui nous gardera : Il nous garde à travers nos souffrances. Il promet la vie éternelle. « La seconde mort » (2.11b) est l'éternelle séparation d'avec Dieu. « Une colonne dans le temple de Dieu » (3.12) c'est ce que devient le vainqueur au ciel. Il devient comme un lustre fixé dans le temple éternel de Dieu.

Exercez votre foi

Interrogez-vous : « De quoi ai-je réellement besoin venant de Dieu pour être un chrétien victorieux ? » Comment les paroles de réconfort adressées aux églises de Smyrne et de Philadelphie de la part de Jésus m'encouragent-elles ? Rappelez-vous, c'est dans notre faiblesse que sa puissance s'accomplit (2 corinthiens 12.9). Comment cela peut-il s'avérer vrai dans les jours à venir ?

Adorer le Christ, l'agneau de Dieu

LECTURE BIBLIQUE : APOCALYPSE 5.1-14
PAROLE DE VIE : APOCALYPSE 5.12

Examinez votre vie

Lorsque vous louez dans l'église, ressentez-vous la présence de Christ ? À quand remonte la dernière fois que vous avez ressenti profondément la présence de Dieu au moment de l'adoration ? Que pouvons-nous faire pour ressentir plus profondément cette présence dans notre culte ? Comme nous l'avons vu dans notre passage biblique d'Apocalypse, il est très important que l'adoration de Christ soit au cœur de notre vie. Quelle place l'adoration de Christ occupe-elle dans votre vie ?

Explorez la Parole

Les cieux semblent être le théâtre d'une grande célébration. Dieu est assis sur son trône entouré de ceux des vingt-quatre anciens. Jean voit « quatre êtres vivants » autour du trône de Dieu. Pendant que tout le ciel adore Dieu, Jean pleure parce qu'il n'y avait personne qui soit digne d'ouvrir le livre aux sept sceaux (5.4). Bien qu'il sembla y avoir une grande tristesse, l'ancien rappela à Jean qu'il y avait Un qui est digne d'ouvrir le livre. Celui-ci est « le Lion de la tribu de Juda » et il dit ensuite, « il en est capable ! » Cette représentation de Christ comme lion révèle le triomphe du Messie. Jésus est souvent décrit comme étant doux et humble mais, ici nous Le voyons élevé, car lui seul mérite le titre de « Lion de Juda ». Jésus a conquis tout ennemi et est prêt à révéler entièrement la délivrance de l'humanité.

Jean essuya les larmes de ses yeux afin de voir le Lion. Cependant, à sa grande surprise, il vit un Agneau. Pendant le ministère terrestre de Jésus, le rite sacrificiel de l'ancien testament était toujours observé. Par conséquent, le sacrifice de l'agneau faisait partie intégrante du rituel quotidien au Temple. L'agneau choisi pour le sacrifice devait être sans tâche et sans défaut. L'agneau de Dieu apparut dans le ciel, jadis parfait, mais maintenant Il a pris sur lui tous les péchés du monde. Cet agneau avait été immolé pour que nous puissions avoir la vie éternelle. Plusieurs des symboles en Apocalypse nous paraissent étranges, mais les cornes représentent un symbole de puissance et les sept cornes représentent le pouvoir total. Les yeux sont le symbole du savoir et de la connaissance ; la connaissance parfaite et le savoir. Ainsi, cet agneau avec sept cornes et sept yeux se présentera devant le trône, digne d'ouvrir le rouleau étant lui-même le Sauveur du monde !

Apocalypse est un livre qui contient beaucoup de « nouvelles » choses. Il y'a un « nouveau nom » (2.17), une « nouvelle Jérusalem » (3.12), un « nouveau ciel » (21.1) et une « nouvelle terre » (21.1). Dieu promet qu'il rendra toute chose nouvelle (5.9). Jean parle d'un « nouveau chant » (5.9), nouveau dans le temps et dans la qualité. Ce chant proclame : « L'Agneau est Digne ». Pour ce qu'Il a fait, l'Agneau est digne de « puissance, richesse, sagesse, force, honneur, gloire et louange ! » (5.12). Dieu veut aussi nous donner la nouveauté de la vie. Tout comme Apocalypse parle d'un nouveau ciel et d'une nouvelle terre, Dieu veut nous créer de nouveau.

Exercez votre foi

Réfléchissez sur les activités, les pensées et les choses qui accaparent votre temps et vos efforts. Y'en a-t-il qui méritent la louange de notre Seigneur ? Rendez-vous au Seigneur les louanges qu'Il mérite ? Votre vie est-elle un reflet vivant de la grandeur et de la dignité de l'Agneau de Dieu que Jean a vu en Apocalypse ? Assurons-nous que notre vie est une louange vivante à notre Seigneur et sauveur Jésus Christ, qui était digne d'ouvrir les rouleaux et qui est digne de nos louanges.

La persévérance des saints

LECTURE BIBLIQUE : APOCALYPSE 7.9-17
PAROLE DE VIE : APOCALYPSE 7.14

Examinez votre vie

Il est facile de louer Dieu quand tout va bien, mais qu'en est-il lorsque tout va mal ? Du temps de Jean, certains chrétiens étaient sévèrement testés dans leur foi. Beaucoup en sont morts. Dans quelles circonstances les chrétiens d'aujourd'hui peuvent-ils être tentés d'obéir à un faux dieu, par le biais de l'argent, des biens ou de la fausse religion ? Il existe certaines choses auxquelles nous nous soumettons et qui sont assez subtiles, telles que la poursuite de notre propre plaisir, la richesse, les symboles du pouvoir et même une fausse religion. Dans quel domaine êtes-vous le plus tenté d » « adorer » un faux dieu ?

Explorez la Parole

Le chapitre 7 semble être une pause dans la vision de Jean. Les sept premiers sceaux représentaient des jugements. Maintenant, le terme « sceau » semble revêtir une autre signification. C'est l'action de sceller les serviteurs de Dieu. Au verset 4, Jean dit avoir entendu le décompte des 144 000, mais quand il regarda, il *vit* la réalité d'une armée de martyrs chrétiens, beaucoup plus nombreux que 144 000. Au chapitre 5, Jean *entendit* le Lion de Juda, mais *vit* l'Agneau qui était immolé.

Jean demanda : « Qui sont-ils et d'où viennent-ils ? » L'ancien répondit : « Ce sont ceux qui viennent de la grande tribulation. Ils ont lavé leurs robes et les ont blanchies dans le sang de l'Agneau ». Leur identité nous aide à comprendre le message. D'abord, les robes blanches représentent ceux qui sont purs et victorieux. Leurs robes « ont été lavées … dans le sang de l'Agneau ». Ils ont déjà souffert la mort à cause de leur foi en Christ. Cette multitude de martyrs brandissaient aussi des branches de palmiers en signe de victoire. Ils ont été fidèles. Le salut et la victoire ne peuvent être obtenus que par le sang de l'Agneau.

La scène autour du trône est un signe de réjouissance. Le plan de Dieu pour la rédemption a été accompli. Il y'avait des anges et des créatures vivantes qui représentaient toute la création réunie autour du trône, avec Dieu et l'Agneau au milieu. Le trône est le centre de leur adoration. La grande congrégation présente sa louange en présence de sa gloire rayonnante. La sagesse de Dieu peut paraître comme folie aux yeux des hommes. La mort du Christ sur la croix ressemble à une faiblesse, mais elle a apporté la victoire ultime. Notre attitude appropriée au grand don du salut est de rendre grâce à Dieu, de Le glorifier et de L'honorer.

S'identifier entièrement à Dieu est une réalité pour le chrétien de toute époque. D'innombrables chrétiens ont payé de leur vie pour leur appartenance au Christ. Le message de Jean ici est cependant plus profond que cela. S'identifier au Christ n'est pas seulement souffrir le martyr, mais aussi refuser d'apporter son soutien à la « Bête et à Babylone » au milieu de nous. Il met en garde toute église confortablement ancrée dans une culture tolérante contre toute tentation de se conformer à la culture du milieu.

Exercez votre foi

Êtes-vous d'accord qu'une identification totale à Christ est une réalité pour le chrétien de toute époque ? Quelles formes de persécution rencontrez-vous aujourd'hui ? Comment pouvons-nous nous entraider pour persévérer et endurer la persécution et la tentation ? Vous êtes-vous identifié à Christ comme lui appartenant ou êtes-vous entrain de soutenir « la Bête » en évoluant dans le confort et la complaisance de votre culture ?

L'hymne de louange provenant du ciel

LECTURE BIBLIQUE : APOCALYPSE 11.15-18 ; 12.7-12 ; 15.2-4
PAROLE DE VIE : APOCALYPSE 11.15*B*

Examinez votre vie

Réfléchissez sur tout ce que nous avons appris jusqu'ici dans Apocalypse : Comment Christ a-t-Il vaincu la mort et le péché pour devenir le conquérant du monde ? Combien de fois vous êtes-vous arrêté pour remercier Dieu pour ce qu'il a fait en remportant cette victoire ? Avez-vous déjà ressenti l'envie de lui chanter un hymne de louange ou de tressaillir de joie par anticipation à la victoire éclatante qu'Il remportera un jour pour nous ? Voilà des raisons passionnantes d'être chrétiens et nous devrions être enthousiastes pour notre futur !

Explorez la Parole

En Apocalypse 15.11-18, le premier hymne fait une annonce glorieuse : « le Royaume du monde est passé à notre Seigneur et à son Christ. Il régnera aux siècles des siècles ! » Les chrétiens ont toutes les raisons de vivre dans l'optimisme. Le triomphe final de Dieu est assuré ! La mort et la résurrection du Christ sont essentielles pour la victoire absolue de Dieu. Cependant, le règne absolu de Dieu n'atteindra sa perfection que par la seconde venue de Christ dans une grande puissance et la gloire. Jusqu'à présent, Dieu a régné sur un monde rebelle. Au son de la trompette, Il règnera sur un peuple obéissant et loyal. Le chant entonné par les anciens commence par des actions de grâce : « Au Seigneur Dieu, Tout-Puissant ». Exerçant tout pouvoir et toute autorité, Jésus a pris sa place légitime et a « commencé à régner ». Cependant, cette victoire a été remportée dans le conflit. Jean a déjà démontré cette furie dans la réponse des nations aux témoins fidèles. Il mentionne simplement ici que la rébellion a pris fin. Jean n'avait aucun doute quant à la réalité du jugement, mais il ne le décrit pas ici.

Il décrit plutôt les trois éléments qui nous défient dans un message incroyable (12.7-12). Premièrement, il y a le Conflit Cosmique (verset 7-9) qui représente la rébellion de Satan et de ses anges contre Dieu. Le conflit commença dès la création et s'achèvera à la fin des temps. Deuxièmement, nous voyons Christ conquérant (verset 10). En Luc

94

10.18, Jésus dit à ses disciples qu'Il a vu Satan tomber du ciel comme un éclair. Dans ce chant, Jésus a apporté le salut et la délivrance en anéantissant le pouvoir de l'adversaire à travers Jésus ; le pouvoir de Dieu, le salut de Dieu et le royaume de Dieu sont entrés dans le monde. Troisièmement, nous voyons l'image du Témoignage du Triomphe (versets 11-12) et que tout croyant est vainqueur par Christ. Le sang de l'Agneau couvre tout péché, il pourvoit un sacrifice expiatoire et purifie le croyant de sa culpabilité, du pouvoir et de la dépravation du péché. Finalement, Jean voit le bonheur des martyrs dans leur participation au triomphe final qu'ils partagent avec Christ Jésus.

En Apocalypse 15.2-4, l'arrière-plan de la louange, ce sont les fléaux qui rappellent le thème de l'exode si important dans la foi d'Israël. Le nouveau cantique de l'Agneau célèbre une victoire qui a été remportée, non par un triomphe militaire sur des ennemis, mais par la mort de l'Agneau et à travers la louange de Dieu.

Exercez votre foi

Jésus est le souverain de toutes les nations. Êtes-vous membres de sa famille ? Cela vous fait-il plaisir, vous passionne-t-il ou trouvez-vous difficile de le vivre quotidiennement ? Est-il difficile de trouver la joie dans votre démarche chrétienne ? Réfléchissez un instant sur le prix que Jésus a payé pour que vous partagiez la vie éternelle avec Lui. La semaine à venir, lisez ou chantez les chants de louange étudiés dans la leçon d'aujourd'hui et pratiquez la louange à Dieu. Cela peut changer votre approche de la vie.

Invitation au festin

LECTURE BIBLIQUE : APOCALYPSE 19.6-10, 17-21
PAROLE DE VIE : APOCALYPSE 19.9

Examinez votre vie

De quel jour de votre vie pouvez-vous dire : « Ce fut le plus beau jour de ma vie » ? Vous est-il déjà arrivé de ne pas être invité à une fête très importante organisée par un de vos amis ? Comment avez-vous ressenti le fait d'avoir été oublié lors d'un événement si important ? Quels sentiments vous animent pendant les moments les plus heureux et les plus importants de votre vie ? Toutes les cérémonies sembleront insignifiantes comparées au festin dont nous parlerons dans l'étude d'aujourd'hui ! Et si vous n'y prenez pas part, ce sera à cause du choix que vous aurez fait et non par faute d'invitation.

Explorez la Parole

Soudain, l'atmosphère fut remplie d'un cri triomphant d'une multitude disant : « Alléluia ! Car le Seigneur Dieu , le Tout-Puissant, a établi son règne! » Le moment des noces de l'Agneau est arrivé et il est clair que Jean compare l'Église à une ravissante épouse vêtue « d'un tissu de fin lin, éclatant et pur ».

Jean avait d'abord à l'esprit que cela représentait la fidélité du peuple dans sa résistance contre la Bête et sa fidélité à Christ jusqu'à la mort. Cette fidélité est exigée de l'église de toutes les époques afin qu'elle soit pure, sainte et apte à être l'Épouse de l'Agneau. Tout comme la robe de la fiancée lui avait été offerte, ainsi la sainteté nous est donnée de sorte que nous puissions nous parer avec celle de Christ. Nous sommes invités comme convives au mariage, convenablement habillés pour ce banquet.

D'autre part, le festin de la vengeance demeure dans un contraste terrifiant face aux noces de l'Agneau. Jean utilise les enseignements d'Ézéchiel pour décrire les charognards appelés au festin. Jean présente deux images qui doivent être prises ensemble. L'une représente l'image de toutes les nations adorant Dieu, l'autre celle de ceux qui refusent de L'adorer. Tous les ennemis de Dieu sont rassemblés contre Lui. On ne parle pas de combat car la victoire de Christ dépasse tous les autres combats. Le sort des autres ennemis de Dieu est également terrifiant. Ceux qui rejettent le témoignage fidèle de l'Église sont impénitents dans leur allégeance finale à la Bête, apportant le jugement sur eux-mêmes.

Cette leçon est remplie de contrastes. Elle comporte un espoir incroyable pour ceux qui demeurent fidèles quel qu'en soit le prix. Ils peuvent s'attendre à avoir part au royaume de Dieu. Peut-on imaginer un espoir plus glorieux ? Toutefois, l'un ne peut se réjouir du sort réservé à ceux dont les noms ne sont pas écrits dans le Livre de l'Agneau. Après tout, le meilleur festin est celui qui assure la parfaite présence de tous les invités. La puissance du mal peut sembler irrésistible, mais elle ne l'est pas. Dieu fortifie ses enfants pour résister au mal. Ceux qui résistent ont un avenir. Cet avenir est de loin meilleur que ce que Satan et ses hôtes peuvent offrir ou imaginer.

Exercez votre foi

Imaginez que vous êtes invité à une grande soirée par le Président de votre pays ou par une importante personnalité. Refuseriez-vous de prendre part à cet événement si tout est gratuit ? Si le transport, l'hébergement et même les habits à porter le sont, allez-vous refuser uniquement parce que vous n'en avez pas envie ? Il en est de même quand nous rejetons Christ. Il nous donne tout, y compris la vie éternelle ; malgré tout, beaucoup le rejettent. Il nous offre plus de richesses dans son amour que nous pouvons en trouver sur cette terre. Malgré tout, combien de fois déclinons-nous son offre pour une gloire ou une satisfaction temporaires. Ne ratez jamais le banquet, le festin du Seigneur. Il vous a réservé une place.

Ouvrir le livre du jugement

LECTURE BIBLIQUE : APOCALYPSE 20.1-15
PAROLE DE VIE : APOCALYPSE 20.6

Examinez votre vie

Quels sont les choses dans votre vie sur lesquels vous vous acharnez à combattre ? Avez-vous permis la présence du mal dans votre maison ou dans votre vie ? Y'a-t-il des domaines dans votre vie que vous n'aimeriez pas que Dieu examine de trop près ? Un jour, chacun d'entre nous se présentera devant le trône de Dieu pour recevoir sa sentence de justice sur sa vie. Vos péchés seront-ils couverts par le sang de Jésus ou seront-ils exposés au vu et au su de tous ? Êtes-vous prêt pour ce jour ?

Explorez la Parole

Le Livre d'Apocalypse fut écrit pour informer et rappeler au peuple que Dieu est maître du temps et qu'il y a beaucoup de choses dans cette vie et dans ce monde que nous ne pouvons pas voir avec nos yeux humains. Il nous avertit aussi afin que nous ne soyons pas victimes des nombreuses déceptions et pièges des forces du mal contre le peuple de Dieu. Même aujourd'hui , nous voyons des exemples fréquents d'évènements et de cultures populaires qui cherchent à cacher la vérité de l'Évangile à des millions de gens. Certains de ces évènements qui ont eu lieu à l'époque de Jean ont semé la confusion et créé des problèmes au peuple de Dieu. Jean voulait qu'ils sachent que Dieu est fidèle. Il est évident que les souffrances et la mort ont été le sort réservé à l'Agneau de Dieu et à ses fidèles disciples, de Jean à nos jours. En réalité, il y « a eu plus de chrétiens martyrs au 20ème siècle qu'il y'en a eu depuis le début de l'ère chrétienne. Ce qui apparaît cependant comme une défaite ne reflète pas l'ultime réalité.

Les conséquences de la victoire de la vérité de Dieu sur la supercherie de Satan seront visibles. Jean décrit Satan comme le serpent ancien ou le diable qui a été enchaîné pendant mille ans pour ne pas tromper les nations en ces temps. Le jugement sur le mal est décrit comme un événement se produisant en deux étapes séparées par mille ans. La victoire sur la bête est décrite au chapitre 19 et est accompagné du transfert de pouvoir aux saints (20.4-6). Ceux qui ont donné leur vie pour le témoignage de leur foi en Jésus et la parole de Dieu sont ressuscités. Ceux qui ont été martyrisés pour leur foi jouissent de la présence du Seigneur, sachant que leur mort n'a pas été vaine.

Pourquoi Jean souligne-t-il que Satan devra être relâché pour un certain temps après les mille ans ? Nous ne pourrons y répondre que lorsque nous nous rappellerons les raisons pour lesquelles Jean a dépeint l'image du millénium. C'était pour montrer la justification des martyrs. Maintenant, la libération de Satan montre que la prison ne l'a pas du tout réhabilité. Il va sortir pour tromper encore une fois les nations et tenter de retrouver tous ceux qui refusent encore de servir Dieu. Alors le Diable sera jeté dans l'étang de feu et de soufre où il rejoindra la bête et le faux prophète.

Le grand trône blanc et Celui qui s'y est assis ont été l'arrière-plan du livre d'Apocalypse. Cet endroit constitue le centre de la réalité. Bien que Celui qui est assis sur le trône semble loin du monde, Il est partout présent en tant qu'Agneau immolé.

Exercez votre foi

Jean ne cherche ni à fournir un calendrier du futur ni à donner des informations en avance sur le sort des individus. Il donne un aperçu des conséquences éternelles de nos décisions actuelles. Si vous mesurez les décisions que vous avez prises cette semaine contre « le grand trône blanc du jugement », comment pourriez-vous vous tenir debout devant Dieu ? Si Dieu vous demandait : « Pourquoi devrais-je te laisser entrer dans mon Paradis ? » que répondriez-vous ? Êtes-vous prêt à répondre à cette question ?

Que ce sera merveilleux !

LECTURE BIBLIQUE : APOCALYPSE 21.1-27
PAROLE DE VIE : APOCALYPSE 21.4

Examinez votre vie

Comment imaginez-vous le ciel ? Pensez-vous que nous serons assis sur des nuages en train de jouer de la harpe ou que le ciel sera une célébration dans un monde parfait ? Peut-être imaginez-vous un lieu où il n'y a ni maladie, ni faim, ni mort ? En Apocalypse 21, Jean décrit le ciel et ce à quoi il pourrait ressembler pour ceux-là dont les noms sont écrits dans le livre de vie de l'Agneau. Quel grand jour ce sera et combien il est passionnant de lire cette partie d'Apocalypse avec son bref aperçu du ciel !

Explorez la Parole

La création d'un nouveau ciel et d'une nouvelle terre décrite au chapitre 21 n'est pas uniquement un retour de la création à son état originel. C'est un changement qui peut seulement être décrit comme une création nouvelle. Ce qui est remarquable dans ce changement est le fait que « la mer n'était plus ». La mer symbolisait tout ce qui était contre Dieu. À présent, elle a complètement disparue parce que la victoire et la souveraineté de Dieu sont totales. De même, pour les juifs, la Nouvelle Jérusalem est une idée courante et peut être comprise de trois manières : un lieu (la cité de substitution de Dieu), un peuple (le peuple de la nouvelle alliance de Dieu) et une présence (Dieu avec nous). Cela signifie aussi que Dieu n'est plus séparé de l'humanité par la mer ; elle a disparue à jamais. Il n'est pas un Dieu éloigné, assis sur un trône dans le ciel.

La nouvelle création de Dieu n'est pas un renouvellement. C'est une transformation complète de tout. Depuis que Dieu a proclamé qu'Il fait toute chose nouvelle, Il dit : « C'est fait », le sens final et total de toute complétude! Le but, la fin, l'objectif sur lequel Dieu travaillait n'est pas un événement, c'est une personne, Jésus Christ. Le but ultime de Dieu dans sa création et sa rédemption de l'ordre entièrement établi se résume en Lui. Il est « l'Alpha et l'Oméga, le Commencement et la Fin ». Cela signifie que toute l'histoire humaine et tout l'univers créé trouvent leur sens et leur accomplissement dans Celui qui les a faits et qui les soutient. Il est la source de toute vie.

Il n'y a pas de temple dans la nouvelle cité. Ézéchiel décrit avec beaucoup de détails le Temple renouvelé. Jean ne voit cependant pas la nécessité d'un temple parce que la croix est le lieu de l'expiation où Dieu et les hommes se sont réconciliés. Toute la ville est remplie de la présence de Dieu et le Seigneur Dieu Tout-Puissant ainsi que l'Agneau constituent son temple. Finalement, Dieu et son peuple sont dans une sainte unité. La ville non plus n'est pas éclairée. Elle était d'or pur, illuminée par « la gloire de Dieu … et de l'Agneau ». La lumière de l'agneau est pour tous, « Les nations marcheront à sa lumière ». Ces disciples, à travers les nations, ont « leurs noms écrits dans le livre de vie de l'Agneau ». Les portes de la nouvelle Jérusalem seront toujours ouvertes. Il n'y aura plus de mort, d'insécurité et tous ceux qui voudront adorer et honorer Dieu ainsi que l'Agneau seront les bienvenus. Rien d'impur n'entrera plus dans cette demeure du Dieu saint, mais celui qui le désire peut y entrer.

Exercez votre foi

Quelle importance revêt l'idée du ciel dans votre vie de tous les jours et dans vos décisions ? Le christianisme sans l'espoir du ciel est une histoire absurde et sans fin. L'espoir du ciel soutient le chrétien dans les épreuves. Quels sont les aspects de la Nouvelle Jérusalem qui vous passionne le plus ? Pensez-vous que l'espoir passionnant du ciel se reflète dans votre attitude et votre espoir en tant que chrétien ? Vivez-vous tout en aspirant à une vie meilleure au-delà de ce monde ? Sinon, pourquoi ne pas commencer maintenant ?

« Viens, seigneur Jésus »

LECTURE BIBLIQUE : APOCALYPSE 22.7-21
PAROLE DE VIE : APOCALYPSE 22.17

Examinez votre vie

En repensant aux études bibliques consacrées à Apocalypse, à quelles questions n'avons-nous pas répondu ? Que toute la classe essaie de répondre à ces questions. Êtes-vous prêt pour le retour de Christ avec l'aisance et l'empressement qui ne peuvent venir que de l'assurance de Christ ?

Explorez la Parole

Jésus dit : « Voici, je viens bientôt ! » (22.12). Il a dit cela il y'a 2000 ans et pendant des siècles, les gens se sont demandé : « quand viendra-t-Il ? » Nous devons nous rappeler que Jean n'était pas en train de fournir un emploi du temps des évènements à venir. Il a écrit le livre d'Apocalypse comme message d'espoir pour les croyants. Nous savons que Dieu est juste et Il mettra fin à toute méchanceté. Nous savons aussi que le délai est significatif parce que Dieu est aussi un Dieu de patience et de miséricorde. Il veut accorder à chacun la possibilité de se repentir et d'entrer dans son royaume.

Jean a écrit le livre d'Apocalypse pour annoncer aux Églises ce qu'il a vu et entendu par la grâce de Dieu. Il décrit l'accomplissement de l'espérance de la venue du règne universel de Dieu à travers la vie, la mort et la résurrection de Jésus comme annoncé dans l'Ancien Testament. Il a aussi une nouvelle révélation à faire. L'Église est appelée à participer à la victoire de Jésus sur le mal en suivant le même chemin qu'Il a pris, le chemin d'un témoin fidèle même face à la mort.

La tragédie occupe une grande part dans l'histoire d'Apocalypse et est révélée à travers le jugement certain de ceux qui sont contre Dieu. son message est aussi bien pour les générations présentes que futures. Il est approprié et pertinent. Il nous rappelle que nous sommes dans le temps du salut. Il est possible d'attendre trop tard. L'urgence est encore accentuée par la proclamation : « Voici, je viens bientôt ». Quand le Christ viendra comme Juge, « Il donnera à chacun selon ses actes ». Pour éviter toute incompréhension concernant le fait que Dieu soit le Juge, le Christ ressuscité porte à présent les mêmes noms que ceux attribués à Dieu : « … l'Alpha et l'Oméga, le Premier et le Dernier, le Commencement et la Fin « .

La vie éternelle est la récompense de la Fidélité. Ce message est une invitation adressée au monde. Il vient de l'Esprit et de la Mariée qui est l'Église. L'Église, remplie de l'Esprit et fortifiée, est l'agent de la Bonne Nouvelle. À travers son témoignage fidèle, l'Église donne son message aux nations. Ce message est simplement : « **Viens** ». Ceux qui répondent à l'invitation la transmettront à d'autres. Celui qui a soif est invité à boire et celui qui le désire est invité à boire gratuitement de l'eau de la vie . Ce passage contient un avertissement. Jean prévient que le message doit être délivré dans sa totalité, nul ne doit extraire ou choisir uniquement certains passages. Il confirme aussi que Christ est la source ultime de ce message, ce qui confirme sa véracité. La grâce a le dernier mot.

Exercez votre foi

Le Seigneur ressuscité dit qu'Il reviendra « bientôt ». Pouvez-vous dire : « Amen. Viens Seigneur Jésus » ? Avez-vous déjà bu de cette eau vive ? Avez-vous partagé l'eau vive avec quelqu'un ? Désirez-vous que tous connaissent la même joie que vous avez trouvée dans le Christ et dans la plénitude de la vie remplie de l'Esprit que vous vivez à présent ? Si vous ne pouvez pas répondre à cette question, il serait peut-être temps d'examiner sérieusement votre vie. Mettez-vous votre foi en pratique ? Avez-vous la foi ? À l'approche de Noël, êtes-vous conscient du cadeau que Dieu vous donne ?

Le don promis

LECTURE BIBLIQUE : ESAÏE 9.1-7
PAROLE DE VIE : ESAÏE 9.6

Examinez votre vie

Vous êtes-vous senti dépourvu de tout espoir à un moment de votre vie ? Quelles catastrophes avez-vous vécues dans votre famille ou votre pays ? Repensez à quelques-unes des plus grandes catastrophes naturelles et politiques de ces dix dernières années. Selon vous, que ressentent les gens quand ils traversent de telles situations ? L'espoir semble-t-il perdu ? Esaïe a vécu à une époque où les juifs semblaient avoir perdu tout espoir ; néanmoins il a annoncé un avenir rempli d'espérance et de promesses.

Explorez la Parole

Les promesses les plus claires de la venue du Christ ont toujours été faites aux moments les plus sombres de l'histoire. L'époque d'Esaïe ne fit pas exception à la règle d'autant plus que ce fut un temps de grande détresse. Même si Esaïe écrivit un message plein d'espoir et d'optimisme sur la naissance du Messie, Israël s'était détourné de Dieu. Le peuple de l'époque d'Esaïe était un peu meilleur que leur roi qui était méchant et idolâtre. Malheureusement l'idolâtrie ne fut pas le seul problème. Des territoires étaient aussi en guerre. Au milieu de tout cela, l'Éternel donna à Esaïe un signe d'espérance et il écrivit le message pour que tous puissent le lire. Esaïe vit qu'une grande lumière allait venir et que c'était la Lumière du Salut. Cette espérance viendrait sous la forme d'un bébé et apporterait la paix. Jésus accomplit cette prophétie en tant que Lumière du Monde. Il est le Symbole de la Connaissance et de la Délivrance. Cette lumière représente aussi la délivrance émotionnelle et la joie ?

L'enfant dont la naissance était annoncée par cette prophétie n'est pas un enfant ordinaire mais le Dieu-Homme Lui-même. Il porte les insignes de la Royauté sur ses épaules. Il porte avec grâce et autorité le fardeau d'un gouvernement éternel. Ce passage souligne aussi bien la divinité que l'humanité du Messie. Il est l'Admirable conseiller, le Dieu puissant, le Père éternel et le Prince de la Paix. Il est un admirable conseiller, un guide divin d'une sagesse exceptionnelle. Il est le

Guerrier Divin parce qu'il est Dieu. Il n'y a pas de tâche ni trop grande ni impossible pour Lui. Jésus n'est limité ni par le temps ni par l'espace, mais Il est toujours présent. Seul ce Messie apporte la véritable paix dans le cœur de l'homme.

La paix que le Christ apporte ne connaît pas de fin, bien qu'elle n'arrête pas immédiatement les guerres entre les peuples. son gouvernement n'aura pas de frontières. son règne n'aura pas de fin, mais ce n'est pas un royaume terrestre. Ceux qui cherchaient un leader sur terre n'avaient pas compris le sens de la prophétie d'Esaïe. Un tel royaume ne peut être que l'œuvre de Dieu Seul. Seul son fils est assis sur le trône de ce Royaume. Le grand zèle du Seigneur Tout-Puissant garantit son accomplissement. Il n'y a aucun doute quant à la venue du Messie. Le peuple n'avait qu'à attendre et regarder. Même dans les ténèbres et le chaos, les Juifs étaient convaincus de sa venue. De même, au milieu de nos crises, nous avons besoin de croire fermement en la promesse de la délivrance par Christ. Nous attendons avec l'assurance et l'espérance qu'Il reviendra.

Exercez votre foi

Pourquoi ne croyons-nous pas, ignorons ou ne cherchons pas conseil auprès de l'Admirable Conseiller ? Avez-vous déjà considéré une situation qui vous dépassait comme étant au-dessus des possibilités du Dieu Puissant ? Avez-vous répondu à Dieu comme s'Il avait les mêmes faiblesses que votre père terrestre ? Avez-vous douté de la capacité de Jésus à régner parfaitement dans votre vie comme Prince de la Paix ? Jésus apporte la lumière dans les ténèbres, la paix dans l'oppression, la liberté dans l'esclavage. Il est l'unique Agent du Changement qui a le pouvoir, le savoir et le désir d'opérer de véritables transformations dans vos vies.

Se préparer à la venue du Messie

LECTURE BIBLIQUE : MATTHIEU 3.1-12
PAROLE DE VIE : MATTHIEU 3.8

Examinez votre vie

Pensez aux nombreuses choses que vous devez faire quand vous vous préparez à accueillir un invité de marque. Faites-vous des préparations spéciales à l'approche de la fête de Noël ? Il y'a peut-être un plat spécial que vous devez acheter ou préparer durant cette période de vacances ? Quelle importance accordez-vous aux préparatifs liés à un événement particulier ? Anniversaires, mariages et même funérailles, tous demandent un temps de préparation pour que l'issue finale soit des meilleures. Avons-nous préparé nos vies à la venue du Messie que nous célébrerons dans quelques semaines ? Sommes-nous prêts à Le recevoir ?

Explorez la Parole

Avant le ministère de Christ sur terre, Jean Baptiste a préparé le chemin. Il ne parlait pas pour lui-même, mais il délivrait plutôt un message. À bien des égards, Jean ressemblait aux prophètes de l'Ancien Testament. Jean ressemblait même à un prophète du désert, se nourrissant de sauterelles et de miel sauvage et portant des poils de chameau et une ceinture en cuir. C'était un homme hors du commun. Les gens venaient de Jérusalem et de toute la Judée pour le voir. Il parlait au nom de Dieu. Dieu peut-il t'utiliser pour parler de son don de la vie éternelle à quelqu'un qui est perdu ? À travers le ministère fraternel, le témoignage, l'évangélisation personnelle, pouvez-vous préparer le chemin pour que Christ puisse entrer dans la vie d'une autre personne ?

Bien que la foi soit la clé pour recevoir le Messie, la repentance est l'attitude essentielle du cœur. Seule la repentance peut ouvrir la voie à l'entrée du Messie dans nos vies. Il n'y a certainement pas d'autre voie possible. Le message de repentance de Jean était un appel à changer de vie. La repentance est plus qu'un simple regret. Pendant qu'un regret sincère peut accompagner la reconnaissance de son péché, la repentance va bien au-delà. Elle est une décision volontaire et non basée sur les émotions. Bien souvent, l'émotion disparaît et conduit la personne à retomber dans le péché. Jésus dit à la femme adultère « va, et désormais ne pèche plus » (Jean 8.11). La repentance suscite un sentiment d'urgence. Jean Baptiste disait que le temps de l'attente était terminé. Il est temps de se repentir, de se confesser et d'être baptisé. Ressentons-nous le besoin urgent de répondre à Christ maintenant ?

Ce ne sont pas tous ceux qui étaient venus écouter Jean qui s'étaient repentis et convertis sur place. Les pharisiens et les sadducéens vinrent du désert pour écouter Jean, mais ne répondirent pas. Jean ne cacha pas ce qu'il pensait de cette « race de vipères ». Il prévint qu'il n'aurait aucun substitut au salut pour qui que ce soit. Ils avaient besoin d'une repentance réelle et vraiment personnelle mais qui devait aussi produire certains fruits. Une vie transformée devrait refléter l'évidence de ce changement. Jean nous rappelle à tous, en même temps, le jugement dernier. Toute vie sera examinée, même celles des chefs religieux. son message était vif et puissant et demeure le même aujourd'hui. C'est un message de préparation, de repentance et d'avertissement. Nous devons sonder nos cœurs pour préparer la venue de Christ. Nous avons continuellement besoin de nous consacrer à annoncer l'Évangile par nos paroles et nos actes à ceux qui ne sont pas préparés à Le rencontrer.

Exercez votre foi

Choisissez pendant la semaine deux ou trois personnes que vous fréquentez régulièrement et qui ne connaissent pas Christ. Trouvez des occasions de partager l'Évangile. Jésus vient. Dieu veut que tout le monde ait la possibilité de se repentir. En tant que chrétiens, nous devons être sûrs qu'ils ont aussi eu leur chance.

Réjouissez-vous ! le Sauveur est né

LECTURE BIBLIQUE : MATTHIEU 1.18—2.6
PAROLE DE VIE : MATTHIEU 2.2

Examinez votre vie

Rappelez-vous certains moments de votre vie où tout semblait hors de contrôle. Ce fut peut-être parce que vous aviez des problèmes de santé ou vu votre enfant faire un mauvais choix. Lorsque nous ne maîtrisons pas certaines situations dans notre vie, il est important de reconnaître que Dieu contrôle parfaitement tout, même si cela nous paraît complètement absurde. Joseph était confronté à une situation qui n'avait aucun sens, mais il choisit de mettre sa confiance en Dieu pour obtenir une explication qu'il n'aurait jamais eue humainement.

Explorez la Parole

Joseph était un homme droit qui devait faire face à une situation critique mais avec espoir. Il était fiancé à Marie (une situation aussi sacrée que le mariage dans la coutume juive) ; elle tomba enceinte et il savait que l'enfant n'était pas de lui. Joseph ne savait pas quoi faire. Marie était déjà enceinte lorsqu'ils se sont fiancés. Éprouvant de la compassion pour Marie, il décida de rompre « secrètement » leurs fiançailles pensant prendre la meilleure des décisions. Combien de fois n'avons-nous pas essayé de faire des choses similaires ? Nous essayons de prendre une décision importante sans consulter Dieu au préalable, en pensant que notre démarche est logique et rationnelle pour remédier à ce problème. Heureusement qu'Il intervient souvent pour prouver sa volonté parfaite même quand nous ne sollicitons pas sa direction dans les importantes décisions de notre vie.

Souvent, nous n'avons que peu d'emprise sur ce qui se passe dans notre vie. Pourquoi Joseph, un homme juste, se retrouvait-il dans une situation aussi difficile ? son obéissance a quand même été à l'origine de beaucoup de joie pour plusieurs personnes. Tout comme Dieu avait étendu sa volonté parfaite devant Joseph, il avait aussi aidé les Mages à participer à la nativité divine. Dieu ne manque jamais de moyens pour guider ceux qui Le cherchent sincèrement. Les sacrificateurs et les scribes faisaient partie des hommes qui créaient l'étonnement pour n'avoir pas reconnu le signe de Dieu (verset 4). Les Mages pensaient qu'il était plus indiqué d'aller les trouver pour pouvoir rencontrer le Messie. Ils ne trouvèrent qu'un roi paranoïaque qui, à son tour, fit tuer tous les nouveau-nés de moins de trois ans de Bethléem. Ceux qui donnaient l'impression de vouloir voir le Messie, les chefs religieux, étaient ceux qui L'avaient lamentablement raté. La quête spirituelle débouche sur une grande joie car quand « tu chercheras l'Éternel , ton Dieu, tu le trouveras si tu le cherches de tout ton cœur et de toute ton âme » (Deutéronome 4.29). Cherchez le Seigneur veut dire laisser de côté les préférences personnelles, les motivations impures et le profit égoïste. Nous Le voyons non pour ce qu'Il peut faire pour nous mais pour ce qu'il est. Nous L'adorons dans le respect, la crainte et l'adoration. Ceux qui ont cherché l'enfant Christ L'ont trouvé. Ceux qui le cherchent aujourd'hui Le trouvent.

Dieu a donné à son Fils le nom de Jésus , nom qui annonce son caractère et la raison de sa venue sur terre. Le nom « Jésus « signifie littéralement : « Il sauvera », car il est venu « pour sauver son peuple de ses péchés » (verset 21). Nous aimons le nom Jésus, non parce qu'il sonne bien, mais parce qu'il proclame notre salut total. À travers le nom de Jésus, nos péchés nous ont été pardonnés et nous avons été réconciliés avec Dieu le Père. Il n'est pas étonnant que son nom soit si merveilleux pour nous !

Exercez votre foi

Un jour, Jésus reviendra et « tout genou fléchira … et toute langue confessera que Jésus Christ est Seigneur, à la gloire de Dieu le Père » (Philippiens 2.10-11). Le meilleur accueil que nous puissions réserver à Jésus est notre cœur, notre adoration et notre louange. Nous ne pouvons pas contrôler les circonstances de notre vie, mais nous pouvons le donner au Seul qui le peut. lui avez-vous donné le contrôle total de votre vie ?

Jésus , don de Dieu pour la vie

LECTURE BIBLIQUE : JEAN 1.1-18
PAROLE DE VIE : JEAN 1.14

Examinez votre vie

Vous est-il déjà arrivé de vouloir parler à votre épouse, à un parent ou à un ami et ne pas pouvoir ordonner vos idées ? Citez quelques-unes des raisons habituelles des problèmes de communication de nos jours ? L'expérience influence-t-elle le choix ou le sens du mot ? Essayez de vous rappeler un moment de votre vie où vous avez tenté d'expliquer quelque chose que votre interlocuteur ne pouvait pas comprendre. Était-ce frustrant ? Étiez-vous en colère ? De même, Dieu a essayé durant des milliers d'années de transmettre un message et a vu un nombre incalculable de personnes qui ne l'ont pas compris.

Explorez la Parole

Les premiers mots de l'Évangile de Jean et du livre de Genèse 1.1 se ressemblent beaucoup : « Au commencement Dieu... » et dans le même ordre d'idées, « Au commencement était la parole.... Et la parole était Dieu » (verset 1). Jean fait plus précisément référence au Christ et à son existence éternelle en Dieu et avec Dieu . Avant le début du commencement , Christ était déjà là. La divinité éternelle de Christ signifie que lui seul peut nous faire don de la vie. Nous savons qu'Il a donné vie à la création, et toute la vie de la création qui nous entoure trouve son origine dans la Parole. Déjà, la vie dont il est question au verset 4, est une vie différente et particulière. Cette vie est spirituelle et pas uniquement biologique. Le Christ est Source de vie éternelle, autant que Source de lumière éternelle. L'universalité du don de la lumière et de la vie par Christ est clairement mentionnée au verset 9. Christ est venu apporter à chacun la lumière.

La Parole est universelle et sa révélation est pour l'humanité entière. Dieu s'est clairement révélé aussi bien à ceux qui vivaient à l'époque de Jean qu'à ceux qui vivent aujourd'hui. Tout échec de reconnaître Dieu à travers sa révélation en Jésus Christ est une rébellion et un rejet. Dans un sens, la création proclame la gloire de Dieu à tous les peuples et par la grâce prévenante, nous avons tous un certain lien avec Dieu le Père à travers la création. Néanmoins, il existe une relation restaurée, particulière et rédemptrice pour tous ceux qui acceptent Jésus Christ comme Sauveur. Ceux-là sont adoptés dans la famille de Dieu et peuvent jouir de tous les droits en tant qu'enfants du Roi. Jésus, le Messie, est venu nous apporter le don de la filiation. Nous ne devons plus être ni séparés ni éloignés de Dieu.

Jean n'a pas raconté l'histoire de Jésus en utilisant l'image de Bethléem que d'autres écrivains de l'Évangile ont décrite. Toutefois, la même réalité exprime la sublime vérité de l'Incarnation à laquelle Jean apporte son témoignage. Il décrit comment la Parole qui était avec Dieu et qui, en vérité, était Dieu avant la création. Cette même Parole est venue habiter parmi nous en se faisant chair en Jésus. Bien qu'aucun homme n'ait jamais vu Dieu, Jésus nous l'a fait connaître (verset 18). L'invitation est adressée à tout homme. Grâce à une relation personnelle avec le Fils de Dieu, nous demeurons, nous aussi, dans sa gloire. Qu'il est surprenant que le Dieu de l'univers Lui-même ait choisi de se révéler à nous en venant sur terre sous une forme humaine !

Exercez votre foi

Y'a-t-il des ténèbres dans votre vie ? Permettez-vous à Christ d'apporter la lumière dans vos ténèbres ? lui permettez-vous de vous montrer la vie de Dieu et la façon de la vivre dans votre environnement ? Comment pouvez-vous devenir un témoin de la gloire de Dieu qui déboucherait sur une véritable adoration ? Le message du salut est adressé à tous mais pour croire en Jésus, le monde doit L'écouter. Un cadeau nous a été donné ce Noël pour que la lumière et la vie de Jésus Christ soient visibles dans nos vies. Acceptez-vous la Parole pour votre salut et partagez-vous l'Évangile ou Le rejetterez-vous ?

SOMMAIRE DES LEÇONS

www.ingramcontent.com/pod-product-compliance
Lightning Source LLC
Chambersburg PA
CBHW021132020426
42331CB00005B/740